kosmos Naturführer

Naturspaziergang
Wald

Weitere Bände:

Naturspaziergang Wiese
Naturspaziergang Am Wasser

Kosmos
Gesellschaft der
Naturfreunde
Franckh'sche Verlagshandlung
Stuttgart

Bruno P. Kremer

Naturspaziergang
Wald

Beobachten – Erleben – Verstehen

Umschlag von Kaselow-Design,
München, unter Verwendung einer
Aufnahme von Reinhard-Tierfoto.

Das Bild auf S. 1 zeigt eine Rot-
buche, das Bild auf den S. 2 und 3
eine Waldlichtung mit blühendem
Roten Fingerhut und das Bild auf
S. 4 einen Mischwald im Odenwald.

Franckh'sche Verlagshandlung,
W. Keller & Co., Stuttgart / 1990
© 1990, Franckh'sche Verlagshand-
lung, W. Keller & Co., Stuttgart
ISBN 3-440-06024-1
Lektorat: Rainer Gerstle
Herstellung: Lilo Pabel
Printed in Germany / Imprimé en
Allemagne
Satz: G. Müller, Heilbronn
Reproduktion: G. Schmid, Stuttgart
Druck und Buchbinder:
Mohndruck, Gütersloh

139 Farbfotos von T. Angermayer
(S. 37), E. Elfner/T. Angermayer
(S. 117), R. Fiebrandt (S. 111), H.
Fürst (S. 21 ro), H. Fürst/D. Stahl
(S. 22 lM, 22 ru), M. Haberer (S. 45),
F. Jantzen (S. 38 o), R. König (S.
55 lo, 55 r, 68 r, 69 r), B.P. Kremer
(S. 18, 28, 29, 30, 31, 43 o, 57 rM,
59 r, 63, 74, 76, 77, 81, 84 r, 85 or,
91, 92, 93, 97, 98, 99, 109, 110,
114 l, 122), W. Layer (S. 11, 85 ol,
120), H.E. Laux (S. 42 u, 60 o,
80 o), H. Limbrunner (S. 8),
A. Limbrunner (S. 21 lu, 21 ru, 27,
47 o, 59 l, 118 l), D. Nill (S. 87),
H. Pfletschinger/T. Angermayer
(S. 21 ol, 21 rM, 22 lu, 38 u, 39, 55 lu,
57 lo, 57 ru, 68 l, 69 l), E. Pott (S. 24/
25, 46 u, 67 o, 75 o, 79, 94/95, 101 ol),
P. Pretscher (S. 7, 12, 15, 67 u, 124),
Reinhard-Tierfoto (Vorsatz, S. 1,
2/3, 4, 9, 17, 20, 23 lu, 23 rM, 23 ru,
33, 41, 43 u, 46 o, 60 u, 70/71, 73,
75 u, 113, 117, 118 r, 123), H. Rein-
hard/T. Angermayer (S. 22 ro,
23 ro), F. Sauer (S. 84 l, 114 r),
P. Schönfelder (S. 42 o, 48/49),
H. Schrempp (S. 57 lM, 57 lu, 83,
101 r, 107 lu, 107 r), K. Schwamm-
berger (S. 105 r), G. Synatzschke
(S. 23 lM, 57 ro, 61, 105 l, 106 lo),
J. Weber (S. 22 lo, 23 lo) sowie einer
Farbzeichnung von B. P. Kremer
und 5 doppelseitigen Farbzeichnun-
gen von Marianne Golte-Bechtle
(S. 34/35, 52/53, 64/65, 88/89) und
Ulrike Müller (S. 102/103).

CIP-Titelaufnahme der Deutschen
Bibliothek
Kremer, Bruno P.:
Naturspaziergang Wald : Beobach-
ten – Erleben – Verstehen /
Bruno P. Kremer. – Stuttgart :
Franckh, 1990
    (Kosmos-Naturführer)
    ISBN 3-440-06024-1

Naturspaziergang Wald

Erlebnisraum Wald

Lange Zeit war das Verhältnis der Menschen zum Wald ausgesprochen zwiespältig. In früheren Jahrhunderten galt der Wald vor allem als dunkel, undurchdringlich oder gar unheimlich. Zahlreiche Mythen und Märchen zeichnen kein sehr günstiges Bild vom Wald, in dem wilde Tiere hausen, die knorrigen Baumstämme Grimassen schneiden, die Äste dem einsamen Wanderer ins Gesicht schlagen oder die Wurzeln nach seinen Füßen langen. Obwohl aus dem Wald schon immer wertvolle Rohstoffe und sogar ein Großteil der Nahrung bezogen wurde, blieb er ein finsterer, sogar als lebensfeindlich verschrieener Ort, in dem sich nur zwielichtige Gestalten wie Holzknechte, Wegelagerer, Wilddiebe oder Kräuterhexen zurechtfanden. Etwas von diesem alten Gefühlshorizont wird immer noch lebendig, wenn man einen Wald bei Dunkelheit erlebt oder eine geschlossene Waldung in unübersichtlichem Gelände durchqueren möchte. Zugegeben: Früher waren die objektiven Gefahren für Leib und Leben im Wald sicherlich größer.

Spätestens in der Zeit der Romantik wandelte sich das Naturverständnis geradezu grundlegend. Natur erhielt nun neue und vor allem positiv besetzte Gefühlswerte. Auch der Wald war nicht mehr länger die bedrohliche Wildnis, die man weithin zu meiden oder entschlossen zu bekämpfen hatte. Anstelle des Feindbildes trat allmählich eine schon fast ökologisch betonte Sichtweise mit wachsendem Verständnis für die zahlreichen Wohlfahrtswirkungen und für die unentbehrliche Rolle im Naturhaushalt. Saftiges Sommergrün, munteres Vogelgezwitscher oder beruhigendes Wipfelrauschen wurden jetzt zu Erlebnisinhalten, die zuvor weithin unbekannt waren und nunmehr das neue Gefühlsbild des Waldes mitbestimmten – wohl auch deshalb, weil sich in der Arbeitswelt der Menschen fast gleichzeitig eine zunehmende Naturentfremdung vollzog. Fast selbstverständlich forderte dieser Verlust auf der anderen Seite einen emotionalen Ausgleich, und dafür war der grüne, lebensfrische Wald gerade recht.

Ganz ähnlich bewerten wir den Wald heute. Wir wissen ziemlich gut Bescheid um seine Bedeutung für natürliche Ressourcen wie Luft und Wasser, für die ständige Bereitstellung nachwachsender Rohstoffe oder seine Wirkung in einem abwechslungsreichen, ansprechenden Landschaftsbild. Wir erfahren im Wald zudem einzigartige und ungemein vielgliedrige Lebensgemeinschaften. Und schließlich brauchen wir den Wald nicht nur als materiellen Versorgungsträger, sondern auch für die körperliche und seelische Erholung. Das Erleben von Natur oder Naturnähe ist nicht ersetzbar. Die grüne Lebensfreude Wald, um mit Bert Brecht zu sprechen, hat in unserem Leben einen sehr hohen Stellenwert. Auf Dauer kann sich wohl niemand in einer künstlichen Umwelt aus Plastik, Metall und Beton wohl fühlen. Ab und zu muß der Mensch vor der von ihm geschaffenen Alltagswelt Reißaus nehmen. Die sonntäglich überfüllten Wanderparkplätze rund um die großen Waldgebiete sind dafür ein sehr überzeugender Beweis. So wandelte sich der unheimliche Urwald zum freizeitbetonten Er-

Einladung zur Erkundung: Artenreicher Bergahorn-Ulmenwald.

holungspark. Um so mehr muß es wohl auch mit Sorge erfüllen, wenn das flächengrößte Ökosystem unseres Landes durch bedenkenlos freigesetzte Schadstoffe aus der Umwelt in Existenznot geraten ist.

Die facettenreiche Lebensgemeinschaft Wald in allen ihren Erscheinungsformen bietet vieles für Auge und Ohr, für Hirn und für Herz, und dies auch noch zu allen Jahreszeiten. Aber sie erschließt sich vielleicht nicht immer von selbst. Aus diesem Grunde werden im vorliegenden Buch – beginnend mit dem Frühjahr – zahlreiche Waldspaziergänge vorgeschlagen, die jeweils ein besonderes Schwerpunktthema in den Vordergrund rücken.

Erlebnisraum sind dabei die Wälder und Forste, wie man sie in der Niederungslandschaft oder im Mittelgebirgsraum antrifft – spezielle Waldstandorte wie die Auenbereiche oder die oberen Gehölzgürtel der Hochgebirge wurden weitgehend ausgeklammert.

Der „Naturspaziergang Wald" ist somit kein Bestimmungsbuch, das Artenkenntnis oder Arteninventare vermittelt. Vielmehr geht es bei den einzelnen Waldspaziergängen ganz wesentlich um Beobachten, Erleben und Verstehen. Dieses Buch möchte Sie auf bemerkenswerte Abläufe, Besonderheiten und Zusammenhänge aus der Pflanzen- und Tierwelt des Waldes aufmerksam machen und Anregungen geben, was es vom Frühling bis zum Winter an aktuellen oder übergreifenden Entwicklungen zu beachten gilt.

Vom Werden des Waldes

Nicht immer war die Waldflächenverteilung so, wie sie sich heute im Kartenbild darstellt. Und auch die Artenzusammensetzung hat im Verlauf der Jahrtausende immer wieder erhebliche Veränderungen erfahren.

Das heutige Waldbild ist das Ergebnis von zwei Prozessen, die sich zum Teil überlagern: Auf der einen Seite steht die nacheiszeitliche Waldentwicklung, auf der anderen der wirtschaftende Mensch mit seinem in historischer Zeit stark angewachsenen Flächenverbrauch.

Während der Kalt- oder Eiszeiten sah der etwa 400 Kilometer breite Gürtel zwischen den nordischen und den alpinen Eisrandlagen etwa so aus wie Skandinavien nörd-

lich des Polarkreises – baumlose Tundra mit Dauerfrostboden und nur fleckenweise unterbrochen von Zwergstrauchbeständen. Nach der Eiszeit folgte eine Phase, in der im wesentlichen nur Weiden, Birken und Kiefern mit geringer Deckung vertreten waren (Parktundrenzeit bis etwa 8000 v. Chr.). Dann wurde das Klima freundlicher. Birken, Kiefern, Weiden und Zitter-Pappeln rückten weiter nach Norden vor. Im westlichen Mitteleuropa zogen dafür zunehmend die Kennarten des Eichen-Mischwaldes ein, nämlich Ulmen, Eschen, Linden und Eichen. Anfangs wurden sie noch von ausgedehnten Hasel-Beständen begleitet. Später breiteten sich reine Ulmen-Lin-

Die Hudeeiche entwickelte sich so prächtig, weil ihr in früheren Jahrhunderten durch Waldweide die Konkurrenz genommen wurde (oben).

Ein naturnaher Wald ist räumlich, nach Arten und in der Altersstruktur immer vielfältig gestaffelt (links).

den-, Linden-Ulmen- oder zuletzt auch Eichen-Linden-Wälder aus. Erst in den letzten beiden vorchristlichen Jahrtausenden entwickelte sich die Buche von Westen her zum beherrschenden Laubbaum – die lichten Eichen-Mischwälder wurden von schattigen Buchenwäldern abgelöst. Nur die höheren Berglagen blieben Tannen und Fichten reserviert.

Vor etwa 5000 Jahren begann in Mitteleuropa auch die gemeinsame Geschichte von Wald und Mensch. Solange sich die steinzeitlichen Menschen als Jäger und Sammler ernährten, blieben die Einflüsse auf die Pflanzendecke sicherlich gering. Seit der Jungsteinzeit wurde der Mensch jedoch zum Ackerbauern – durch eigenes Wirken mußte bereitgestellt werden, was die Natur an Versorgungsgütern vorenthielt. Zunächst wurden im dichten Wald kleinere Ackerflächen gerodet. Auch die Viehhaltung war während dieser Zeit nur mit Hilfe der Waldweide möglich. Der Wald wurde allmählich aufgelichtet. In fränkischer Zeit wurden die immer noch ausgedehnten Wälder systematisch erschlossen. Bis etwa zum 15. Jahrhundert stellte sich ungefähr die Flächenverteilung ein, wie sie bis zur Zeit der industriellen Revolution vorlag.

Nur wenige große Waldgebiete blieben von der zunehmenden Nutzung ausgeschlossen (Bannwälder, beispielsweise der Reichswald bei Nürnberg oder der Schönbuch bei Stuttgart). In allen übrigen Gebieten wurden die Holzvorräte als Brennmaterial für Hüttenbetriebe, Salzsiederei, Glasherstellung und andere Gewerbezweige eingeschlagen. Der Niedergang der Wälder schien während dieser Zeit unaufhaltsam.

Erst im 19. Jahrhundert setzte sich zunehmend die Erkenntnis durch, daß man den Wald nicht schrankenlos ausbeuten darf, sondern daß er generationenübergreifende Pflege braucht, um dauerhaften Ertrag abzuwerfen. Zu Beginn des letzten Jahrhunderts wurde in Preußen die forstliche Betriebslehre entwickelt. Erst danach entstand eine systematische Forstwirtschaft, die sich um den Neuaufbau von Wäldern und Forsten bemühte.

Ökosystem Wald

Der Wald ist ein ungemein komplexes Gefüge aus verschiedenen Lebensgemeinschaften, die untereinander allesamt vernetzt sind und daher auch voneinander abhängen. Solche Lebensgemeinschaften (Biozönosen) bilden zusammen mit ihren Lebensräumen (Biotopen) ein Ökosystem, das man am besten von seinem Betriebsablauf her verstehen kann. Ein Ökosystem zeigt nämlich immer eine Dreigliederung in Produzenten, Konsumenten und Destruenten. Produzenten sind in jedem Fall die grünen Pflanzen des Waldes, angefangen den winzigen Erd- und Rindenmoosen bis hin zu den höchsten Bäumen. Nur diese grünen Pflanzen besitzen die Fähigkeit zur Photosynthese, der Produktion organischer Verbindungen aus Wasser und Kohlendioxid mit Hilfe der Strahlungsenergie des Sonnenlichtes. Photosynthetisch aktive Pflanzen stellen somit die Betriebsstoffe eines Ökosystems her – pflanzliche Biomasse, die von anderen Lebewesen als Nahrung verzehrt und verwertet werden kann. Die Verzehrer oder Konsumenten gehören dem zweiten Funktionssegment eines Ökosystems an. Konsumenten sind zunächst einmal die Pflanzenfresser, dann aber auch alle Tiere, die sich von Pflanzenfressern ernähren.

Weil die Konsumenten sehr viel schneller fressen, als die Produzenten nachliefern können, müssen beide Funktionsgruppen in einem ausgewogenen Verhältnis zueinander stehen (gewöhnlich im Bereich 99:1), das beiden das Überleben sichert. Konsumenten sind im Ökosystem Wald die unterschiedlichsten Tiergruppen, beispielsweise die Schnecken, das unendliche Heer der Insekten, aber auch Wirbeltiere wie Amphibien, Reptilien, Vögel oder Säuger.

Zum kompletten Ökosystem Wald gehören aber auch die Zersetzer oder Destruenten. Ihnen fällt die wichtige Aufgabe zu, durch Abbau von Totmaterial dafür zu sorgen, daß die Produzenten und Konsumenten nicht im eigenen Abfall untergehen. Bakterien, Pilze und etliche Kleinlebewesen aus verschiedenen Verwandtschaftsgruppen sind mit diesem Problem befaßt.

Die verschiedenen Lebensräume des Waldes sind stockwerkartig

Waldinseln prägen sehr das Erscheinungsbild der Kulturlandschaft.

gestaffelt, so daß sie umgekehrt für die unterschiedlichsten Besiedler und Lebensgemeinschaften attraktiv werden. Der Stockwerkbau beginnt bereits mit dem Boden, dem Fundament des Waldes, das die Pflanzen verankert und ihnen ständig mineralische Nährstoffe zufließen läßt. Über mehrere Schichten geht der Mineralboden in den Abfallhorizont mit seinem abgeworfenen und verrottenden Blattmaterial über, in dem sich gleich scharenweise Kleinlebewesen aufhalten. Wo es die Lichtverhältnisse zulassen, breiten sich größere Moospolster aus. Auch sie werden von einer unübersehbaren Anzahl mikroskopisch kleiner Organismen bewohnt. In der Krautschicht konkurrieren Farnpflanzen, Waldgräser und Waldblumen um Licht und Raum. Auch die Sämlinge von Sträuchern und Bäumen gehören zeitweise dieser Etage an. Die eigentliche Gehölzdomäne beginnt jedoch erst mit der Strauchschicht, die ihrerseits verschiedene Untergliederungen mit niedrigen, mittelwüchsigen und sehr großen Sträuchern aufweist. Der Bereich der Baumkronen, die die voraufgegangenen vier Stockwerke überschirmen, schließt nach oben ab. Bis oberhalb der 30-Meter-Marke ragen in einem artenreichen Laubmischwald Eichen, Ulmen oder Eschen auf. Rot-Buche und Hainbuche vertreten neben Berg-Ahorn oder Winter-Linde die Baumgestalten der 25-Meter-Klasse. Kleinere Waldbäume, die aber selbst noch die Großsträucher klar übertreffen, wären beispielsweise Erlen,

Wildkirschen, Feld-Ahorn oder auch Weißdorn.

Die Anzahl der gut entwickelten Stockwerke und ihrer Untergliederungen könnte man geradezu als Maß für die Natürlichkeit eines Waldes oder einer Waldgesellschaft verwenden. Je reichhaltiger die dreidimensionale Struktur ausfällt, um so zahlreicher sind auch die Tierarten, die sich in den verschiedenen Teilbereichen einfinden.

Eine Vorstellung von der zunächst gewiß nicht sichtbaren Artenvielfalt mag die Tatsache geben, daß man in und an einer Eiche bei gezielter Nachsuche mehr als 500 verschiedene Insektenarten nachweisen kann. In einem bunt zusammengewürfelten Mischwald mit üppigem Pflanzenangebot summieren sich die Artenzahlen rasch auf etliche Tausend.

Naturverjüngung und Artengefüge bestimmen den Stockwerksbau des Waldes.

Demgegenüber wirkt eine Monokultur aus Fichte völlig unterbesetzt und wie ein schmaler Ausschnitt aus der potentiellen Vielfalt. Zwar leben auch im Nadelforst mehrere Pflanzenarten und recht viele Kleintiere, doch reichen die Artenzahlen nicht einmal entfernt an das Gewimmel in einem Laubwaldbestand heran. Eine Monokultur mit Reinbeständen ist kein gewachsenes, sondern ein gelenktes Ökosystem mit vielen Schwächen und Nachteilen. Ökologisch sind solche unvollständigen Gebilde ziemlich minderwertig – einmal ganz abgesehen davon, daß sie auch im Wald- und Landschaftsbild eher störend wirken.

Waldgesellschaften

Wald ist noch lange nicht gleich Wald. Auch wenn man davon ausgehen muß, daß die ehemaligen natürlichen Wälder nutzungsbedingt allesamt ziemlich stark verändert wurden und Aufforstungen strenggenommen nicht einmal richtige Wälder sind, bleibt die spontane Artendynamik im Ökosystem Wald dennoch wirksam. So finden sich abhängig von der geographischen Lage, von den jeweiligen Bodenverhältnissen, vom Klima und vielen weiteren Standortfaktoren in den Wäldern charakteristische Artenkombinationen ein, die unter gleichen Bedingungen immer wieder miteinander auftreten. Solche Gefüge sind das Arbeitsgebiet der Pflanzensoziologen, die die immer wieder zusammen vorkommenden Arten als Pflanzengesellschaften beschreiben und untergliedern. Etwa ein Dutzend Waldgesellschaften kann für das Gebiet der Bundesrepublik Deutschland und das benachbarte Mitteleuropa als repräsentativ gelten, wenngleich damit die tatsächliche Anzahl verschiedener Waldtypen oder ihrer besonderen standörtlichen Ausprägungen gewiß nicht vollständig erfaßt ist. Für eine orientierende Übersicht reicht die nachfolgende Gliederung jedoch allemal aus.

Für die einzelnen benannten Waldgesellschaften sind die wichtigsten Kennarten jeweils angegeben. Dabei bedeuten

B Baumarten (Bestandsbildner und Begleiter)
S Straucharten (oft nur im Saum der betreffenden Gesellschaft)
K Krautige Pflanzen (Farne. Gräser, Stauden)

Buchenwälder

Hainsimsen-Rotbuchenwald
Weit verbreitete und ziemlich häufige, aber vergleichsweise artenarme Waldgesellschaft des Hügel- und Berglandes über saurem Ausgangsgestein.
B Rot-Buche, Trauben-Eiche, Vogelbeere, Zitter-Pappel
S Jungwuchs der Bäume, Faulbaum, Wald-Geißblatt
K Weiße Hainsimse, Draht-Schmiele, Dornfarn, Wald-Sauerklee, Heidelbeere, Wald-Ehrenpreis, Wiesen-Wachtelweizen, Maiblume

Perlgras-Rotbuchenwald
Recht häufige Waldgesellschaft auf stärker basenhaltigen Verwitterungsböden des Hügel- und Berglandes, in der Niederungslandschaft seltener vertreten. Ziemlich artenreiche Krautschicht.
B Rot-Buche, daneben auch Berg-Ahorn, Esche, Berg-Ulme
S fehlen im geschlossenen Bestand, nur am Waldmantel
K Einblütiges Perlgras, Waldmeister, Busch-Windröschen, Goldnessel, Vielblütige Weißwurz, Lungenkraut, Wald-Sanikel, Wald-Bingelkraut, in höheren Lagen auch Zwiebel-Zahnwurz und Quirlblättrige Weißwurz

Tannen-Rotbuchenwald

Typische Waldgesellschaft der höheren Mittelgebirgslagen Süddeutschlands (Schwarzwald, Schwäbische Alb, Bayerischer Wald) auf Böden mit mittlerer bis guter Basenversorgung.

B Rot-Buche, Weiß-Tanne, Gemeine Fichte, Berg-Ahorn, Berg-Ulme
S Trauben-Holunder, Rote Heckenkirsche, Hasel, Weißdorn
K Wald-Schwingel, Rundblättriges Labkraut, Hasenlattich, Wald-Schachtelhalm, Weiße Pestwurz, Eisenhutblättriger Hahnenfuß, Eichenfarn, Rasen-Schmiele

Eichen-Hainbuchenwälder

Eichen-Hainbuchenwald

Recht typenreiche Laubwaldgesellschaft in den Niederungsgebieten sowie in den Tallagen des Hügellandes, besonders häufig in Norddeutschland, als Labkraut-Hainbuchenwald auch in den wärmeren Gebieten Süddeutschlands.

B Stiel-Eiche, Trauben-Eiche, Hainbuche, Berg-Ahorn, Feld-Ahorn, Esche, Vogelbeere, Winter-Linde, Rot-Buche, Vogel-Kirsche
S Hasel, Weißdorn, Pfaffenhütchen, Schlehe, Gemeiner Schneeball, Roter Hartriegel
K Große Sternmiere, Wald-Zwenke, Flattergras, Goldnessel, Hain-Rispengras, Maiglöckchen, Wald-Labkraut

Erlen-Auenwälder

Eschen-Ulmen-Auenwald

Außerordentlich artenreiche Waldgesellschaft am Mittel- und Unterlauf der Ströme und Flüsse, oft auch als Hartholzaue bezeichnet; exemplarisch schön entwickelt im Taubergießen/Oberrhein.

B Stiel-Eiche, Feld-Ulme, Esche, Flatter-Ulme, Feld-Ahorn, Berg-Ahorn, Winter-Linde, Schwarz-Erle
S Weißdorn, Schlehe, Roter Hartriegel, Hasel, Kreuzdorn, Gemeiner Schneeball, Schwarzer Holunder, Waldrebe, Hopfen
K Lerchensporn, Gelbes Windröschen, Wald-Goldstern, Scharbockskraut, Aronstab, Moschuskraut, Einbeere, Nelkenwurz, Rote Lichtnelke, Gundelrebe und zahlreiche weitere Arten

Erlen-Eschenwälder

Saumartig entwickelte Waldgesellschaft an den Uferzonen von Bächen und kleineren Flüssen im Berg-, Hügel- und Niederungsland. Je nach Höhenlage unterschiedliche Artenzusammensetzung.

B Schwarz-Erle, Esche, Berg-Ahorn, Stiel-Eiche, Trauben-Kirsche
S Weißdorn, Rote Heckenkirsche, Gemeiner Schneeball, Roter Hartriegel, Bruch-Weide
K Winkel-Segge, Hain-Sternmiere, Bitteres Schaumkraut, Scharbockskraut, Knotige Braunwurz, Kriechender Günsel, Mädesüß, Blut-Weiderich, Kohl-Gänsedistel

Der Auenwald (Weichholzaue) ist eine besonders interessante natürliche Waldgesellschaft.

<table>
<tr><td colspan="1" style="background:yellow">Bruch- und Moorwälder</td></tr>
</table>

Erlen-Bruchwald

Selten gewordener Waldtyp auf staunassem Niedermoorboden, vor allem in
Nord- und Nordwestdeutschland entwickelt.

B Schwarz-Erle, Moor-Birke, Vogelbeere

S Schwarze Johannisbeere, Grau-Weide, Ohr-Weide, Hopfen, Bittersüßer
Nachtschatten

K Gelbe Schwertlilie, Sumpf-Lappenfarn, Königsfarn, Sumpf-Schachtel-
halm

Birken-Bruchwald/Birken-Moorwald

Typische Waldgesellschaft in nassen, nährstoffarmen Senken und in den
Randbereichen von Hochmooren, vor allem in Nord- und Nordwestdeutschland, gelegentlich auch in den Hochmoorgebieten der Mittelgebirge.

B Moor-Birke, Schwarz-Erle, Fichte, Vogelbeere

S Faulbaum, Ohr-Weide

K Moosbeere, Moorbeere, Pfeifengras

Wärmeliebende Eichenmischwälder

Eichen-Elsbeerenwald
Ausgesprochen wärmeliebender Wald auf trockenen Standorten, vor allem in Süddeutschland (Kaiserstuhl), in verarmter Form auch bis ins Mittelrheingebiet und seine großen Nebentäler.
B Trauben-Eiche, Flaum-Eiche, Elsbeere, Feld-Ahorn, Speierling, Französischer Ahorn
S Liguster, Berberitze, Wolliger Schneeball, Schlehe, Weißdorn
K Nickendes Leimkraut, Schwalbenwurz, Schwarze Platterbse, Blauroter Steinsame, Blutroter Storchschnabel

Eichen-Birkenwälder

Stieleichen-Birkenwald
Natürliche Waldgesellschaft auf nährstoffarmen Böden der nordwestdeutschen Heidegebiete, dort sogar als endemische Pflanzengesellschaft aufzufassen. Auf manchen Standorten kann die Rotbuche in größeren Anteilen hinzukommen – dann wird dieser Waldtyp auch als Buchen-Eichenwald bezeichnet.
B Stiel-Eiche, Hänge-Birke, Vogelbeere, Wald-Kiefer, (Rot-Buche)
S Wald-Geißblatt, Wacholder, Faulbaum, Zitter-Pappel
K Draht-Schmiele, Heidelbeere, Schaf-Schwingel, Heidekraut

Hainsimsen-Traubeneichenwald
Weit verbreiteter Wald auf flachgründigen, mäßig nährstoffarmen Verwitterungsböden des Hügellandes und des tieferen Berglandes, häufig anzutreffen beispielsweise im Rheinischen Schiefergebirge, Odenwald, Spessart oder in der Rhön.
B Trauben-Eiche, Stiel-Eiche, Rot-Buche, Hänge-Birke
S Faulbaum, Brombeeren, Stechpalme (nur im Westen)
K Salbei-Gamander, Behaarte Hainsimse, Heidelbeere, Hain-Rispengras

Natürliche Nadelwälder

Heidelbeer-Fichtenwald
Natürlicher, typenreicher Fichtenwald (nicht Fichtenforst) der höheren Mittelgebirgslagen ab etwa 700 Meter.
B Gemeine Fichte, Vogelbeere, Weiß-Tanne
S Jungwuchs, sonst spärlich
K Siebenstern, Harz-Labkraut, Heidelbeere, Preiselbeere, Rippenfarn

Heidelbeer-Tannenwald
Natürlicher Nadelwald auf basenarmen Böden über silikatischem Ausgangsgestein, vor allem in den kontinental beeinflußten Gebirgen (östlicher Schwarzwald, Bayerischer Wald).
B Weiß-Tanne, Gemeine Fichte, Wald-Kiefer, Rot-Buche, Hänge-Birke
S Faulbaum, Schwarzer Holunder, Hasel
K Heidelbeere, Draht-Schmiele, Wald-Hainsimse, Bärlappe

Der wohltätige Wald

Rund 39 Prozent der Fläche der Bundesrepublik Deutschland oder etwa 7,36 Millionen Hektar werden von Wäldern und Forsten eingenommen – nur etwa halb soviel, wie für die Landwirtschaft zur Verfügung steht, aber immerhin ein respektabler Flächenanteil, der groß genug ist, um weithin das Gesicht der Landschaft zu bestimmen. Um diesen Wald bemühen sich die Forstdienststellen, aber unter anderem auch Naturschützer und Landschaftspfleger. Warum ist es nun so wichtig, unsere Waldbestände gesund und leistungsfähig zu erhalten?

Aus dem Blickwinkel der Waldbesitzer (Staat, Gemeinden, Private) betrachtet, erfüllt der Wald gleich mehrere Nutzfunktionen. Die lebenden Bäume sind nachwachsende Rohstoffe, die irgendwann einmal zur Holzgewinnung dienen. In den Forstbetrieben und auch in den holzverarbeitenden Gewerbezweigen hängen somit vom Wald direkt und indirekt viele Zehntausende Arbeitsplätze ab. Vom Nutzen des Waldes spüren aber nicht nur die Waldbesitzer etwas. Jedermann darf sich an der sinnvollen und schonenden Nutzung der Waldfrüchte (beispielsweise Wald-Erdbeeren, Heidelbeeren, Preiselbeeren, Himbeeren oder Brombeeren) oder der eßbaren Waldpilze beteiligen. Bei der Nutzung der Wildbestände gibt es aus verständlichen Gründen Einschränkungen jagdrechtlicher Art.

Die tatsächliche Bedeutung der Waldbestände geht aber über ihre wirtschaftlichen Funktionen im weitesten Sinne erheblich hinaus. Die Wälder erfüllen nämlich eine ganze Reihe von wichtigen Aufgaben, die man zusammenfas-

Der Wald reguliert den Wasserhaushalt der Landschaft.

send als landschaftsökologische Schutzfunktionen beschreiben könnte.

Wälder sind wegen ihrer raumwirksamen Höhenstaffelung unsere wichtigsten Sauerstoffproduzenten. Wenn die Gehölze im Licht photosynthetisch aktiv sind, entnehmen sie der Atmosphäre Kohlendioxid zur Bindung in organische Moleküle, geben aber auch das gleiche Volumen an Sauerstoff ab. Allein dieser Vorgang ist ein richtiges grünes Wunder. Eine einzige ausgewachsene Rot-Buche von etwa 25 Meter Höhe und einer Gesamtblattfläche von mehr als 1500 Quadratmetern setzt an einem Sommertag ungefähr 7000 Liter Sauerstoff frei. Diese Menge ergibt 35

Waldwege: Erholung zu jeder Jahreszeit.

Kubikmeter saubere und sauerstoffreiche Atemluft – genug, um den Tagesbedarf von 50 Erwachsenen sicherzustellen. Wenn man diese Einzelleistung eines Baumes erst einmal auf einen größeren Bestand umrechnet, zeigt sich eindrucksvoll, wie unentbehrlich die grüne Lunge Wald für Siedlungen und Städte ist. Die stadtnahen Wälder sind nicht nur Freizeit- oder Erholungsräume. Noch wichtiger sind ihre lebenswichtigen Produktionsaufgaben.

Eine weitere landschaftsökologisch bedeutsame Waldfunktion ließe sich unter dem Begriff „Immissionsschutz" umschreiben: Bäume sind nämlich äußerst effektive Staubfilter. Im vielgliedrigen, dichten Blattwerk von Bäumen und Gehölzen wird die Freiland-Windgeschwindigkeit merklich reduziert. Die mit der Luft herangewehten Staubteilchen können sich daher sehr viel rascher absetzen. Über Städten enthält ein Kubikmeter Luft meist mehr als eine halbe Million Staubpartikel. In der gefilterten Waldluft sind es nicht einmal mehr 500. Ein Hektar Rotbuchenwald kann jährlich etwa 50 Tonnen Staub binden. Die gebundenen oder auf den Blättern anhaftenden Partikel werden vom Regen abgewaschen und können im Boden zur Humusbildung beitragen. Wenn es sich dabei allerdings um giftige Stäube aus industriellen Prozessen handelt, geht der Partikelfang den Wäldern jedoch letztlich an die Substanz.

Wälder regulieren in ganz beachtlichem Maße den Wasserhaushalt ganzer Regionen. In den Wurzelhorizonten des Waldbodens können große Mengen Niederschlagswasser zunächst gespeichert und anschließend mit zeitlicher Verzögerung wieder abgegeben werden. Bäche und Flüsse in Waldregionen führen nur selten Hochwasser. Nur in waldfreien Gebieten mit weiträumiger Flächenversiegelung geht alles Wasser sofort ab.

Ein großer Teil des gespeicherten Niederschlagswassers wird vom Wald verdunstet. Ein Hektar Laubwald setzt an warmen Tagen fast 30 Kubikmeter Wasser um. Dafür muß andererseits ein großer Betrag an Verdampfungswärme aufgewendet werden – der Grund dafür, daß es gerade bei heißem Sommerwetter im Wald angenehm kühl und auch immer spürbar feucht ist. Trotz der beachtlichen Menge, die ein Waldgebiet umsetzt, setzen die Bäume ihren Produktionsfaktor Wasser wesentlich sparsamer ein als die meisten Kulturpflanzen.

Wissenswert für Waldforscher

Wälder sind in Mitteleuropa keine naturbelassenen, sondern bestenfalls naturnahe Lebensgemeinschaften, die aber dennoch für das Naturerleben eine große Rolle spielen. Forstliche Bewirtschaftung nutzt die Bestände, sorgt auf der anderen Seite aber auch für die Pflege und Neubegründung. Ohne staatliche Forstaufsicht wäre der völlige Ruin der Wälder und Holzvorräte bereits vor etwa 200 Jahren besiegelt gewesen.

Wälder und Forste sind also im weitesten Sinne Wirtschaftsflächen. Entsprechend werden sie durch ein weitläufiges Wegenetz (manchmal auch durch recht großzügige Forststraßen) erschlossen. Regionale und überregionale Wanderrouten mit fester Wegemarkierung führen selbstverständlich auch durch Waldgebiete. Nach den in der Bundesrepublik Deutschland geltenden Forstgesetzen werden die Waldflächen als Erholungsgebiete für die Allgemeinheit verstanden und entsprechend zugänglich gehalten. Aus den gleichen Gründen sind Forstwege für den allgemeinen Kraftfahrzeugbetrieb gesperrt – von erholsamer Ruhe bliebe sonst nichts mehr übrig.

Allerlei am Weg ich fand

Wälder und Forste sind zwar im allgemeinen keine so trittempfindlichen Biotope wie etwa eine Naßwiese oder ein Hochmoor, aber dennoch sollte man sich auch hier an die Wege halten. Streifzüge querwaldein sind auch eigentlich unnötig, zumal sie eine Menge Unruhe in das Gefüge bringen und Tiere an ihren Ruheplätzen aufstören. Die meisten erlebniswerten Vorgänge und Zusammenhänge kann man im Wald auch unmittelbar rechts und links am Wege entdecken: Hier wachsen die typischen Waldpflanzen wegen der günstigeren Lichtverhältnisse oft viel üppiger als mitten im Bestand, und vom reichen Kleintierleben etwa der Laubstreu oder eines Baumstubbens zeigen die Randbereiche in Wegnähe ebenfalls eine genügend große Auswahl.

Erfahrungsgemäß freuen sich die Forstleute, wenn man sich für den Wald und seine Probleme interessiert. Fragen Sie die Waldfachleute nach bemerkenswerten Entwicklungen oder Pflegeplänen.

Ausrüstung für die Geländearbeit

Ein paar technische Hilfsmittel erleichtern das Beobachten und Erkunden ungemein. Folgendes gehört zur (beinahe unentbehrlichen) Ausrüstung:

* Handlupe, Vergrößerung etwa 6- bis 12fach, zum Vordringen in das Reich der kleinen Dimensionen,

* Fernglas, lichtstark, aber handlich und möglichst leicht, etwa im Bereich 8 × 25 bis 10 × 20.

* Kamera, am besten Spiegelreflexkamera mit Makroobjektiv, zum Sammeln ohne Naturschädigung,

* Notizbuch, etwa DIN A4, zum Festhalten von Daten und Beobachtungen.

* Bestimmungsbücher,

* Schraubdeckelglas, zum Beobachten eingefangener Kleintiere, die anschließend sofort wieder freigelassen werden,

* Pinzette und Taschenmesser,

* Sammeltüte, zum Mitnehmen von Herbarpflanzen – Artenschutzverordnung und Naturschutzbestimmungen beachten!

Linke Seite: Besonders geschützte Waldorchideen sind Große Waldhyazinthe (*Platanthera chlorantha* – oben links), Rotes Waldvöglein (*Cephalanthera rubra* – unten links) und Frauenschuh (*Cypripedium calceolus* – unten rechts). Die Breitblättrige Glockenblume (*Campanula latifolia* – oben rechts) kommt selten in Feuchtwäldern vor.

Geschützte Waldinsekten sind der Hirschkäfer (*Lucanus cervus* – oben links), Großes Eichenkarmin (*Astiodes sponsa* – oben rechts), Kleiner Eisvogel (*Limenitis camilla* – Mitte rechts, frisch geschlüpft) und Weißer Waldportier (*Hipparchia fagi* – unten rechts). Selten sind Feldmaikäfer (*Melolontha melolontha* – unten links).

Kaum zu sehen und eher zu hören: Waldohreule (*Asio otus* – oben links), Waldkauz (*Strix aluco* – oben rechts), Sommergoldhähnchen (*Regulus ignicapillus* – Mitte links) und Schwarzspecht (*Dryocopus martius* – unten rechts). Nachtaktiv ist der Feuersalamander (*Salamandra salamandra* – unten links).

Heimliche Waldtiere sind Dachs (*Meles meles* – oben links), Baummarder (*Martes martes* – oben rechts), Waschbär (*Procyon lotor* – Mitte links) und Iltis (*Putorius putorius* – Mitte rechts). Wildschwein (*Sus scrofa* – unten links) und Rothirsch (*Cervus elaphus* – unten rechts) bevorzugen große, geschlossene Waldgebiete und sind recht häufig.

Frühling

Frühkonzert im Laubmischwald

Wer von Waldesruhe schwärmt, hat wohl nicht richtig aufgepaßt, denn eigentlich bekommt man gerade im Wald zu allen Jahreszeiten einiges zu hören. Während in der noch winterlich verlassenen Feldflur tatsächlich nichts geboten wird außer ein paar entfernten Verkehrsgeräuschen, erscheint der Wald schon eher wie eine Musikhalle, in der zumindest schon ein wenig geprobt wird, solange das Orchester noch nicht vollzählig beisammen ist.

Jedem das Seine

Den ganzen Winter über kann man das Pianissimo der Goldhähnchen vernehmen, die hoch im Gezweig von Fichten herumturnen. Ab und zu ertönt auch schon der Schmettergesang des Zaunkönigs, bei dem Körpergröße und Lautstärke in einem bemerkenswerten Mißverhältnis stehen – wie bei mancher Koloratursopranistin. Außerdem mischt sich auch das Rotkehlchen mit seinen stimmungsvoll perlenden Tonreihen ein. Und sollte gar die Sonne schon eine gewisse Frühlingsatmosphäre schaffen, geraten auch die Meisen stimmlich in Laune: Kohl-, Blau- oder Haubenmeise sind an ihren Rufen und Gesängen deutlich zu unterscheiden. Nicht zu vergessen die Spechtarten mit ihren rasanten Trommelwirbeln, die ebenfalls die Arten unterscheiden helfen. Ein besonderes Erlebnis ist natürlich das Nachtkonzert der Eulen und Käuze, die sich gerade in den Spätwinter- und Frühlingswochen recht ruffreudig geben. So herrscht praktisch überall schon emsiger Betrieb. Aber nicht nur das: Vor dem Laubaustrieb ist der Mischwald ziemlich durchsichtig und bietet somit den enormen Vorteil, daß man die munteren Sänger gleichzeitig auch sehen und beobachten kann. Wenn sich im belaubten Frühjahrswald das Blätterdach zur Konzertmuschel geschlossen hat, bekommt man nicht einmal mehr einen lärmenden Eichelhäher zu Gesicht.

Wie man in den Wald hineinruft ...

Die fröhlichen Darbietungen der Waldvögel, deren Gesang von uns als so angenehm melodisch empfunden wird, läßt den Verdacht aufkommen, er könne gar ein Ausdruck purer Lebensfreude sein. Auf der anderen Seite ist jedoch zu berücksichtigen, daß – von ein paar Ausnahmen abgesehen – die eigentliche Konzertsaison der Singvögel ziemlich genau in die Zeit der Revierbesetzung, der Verpaarung, des Nestbaus und des Brutgeschäfts fällt. Der gesamte stimmliche Aufwand ist also weitgehend zweckbestimmt. Er dient nicht unserer Erbauung, sondern der Reviersicherung und -abgrenzung, eine zweifellos sinnvolle Funktion, die gleichzeitig garantiert, daß nicht zu viele Individuen mit den gleichen ökologischen Ansprüchen auf zu engem Raum leben. Singen ist eine Art akustischer Gartenzaun. Rivalen werden auf Distanz gehalten, Paarungspartner zusammengeführt – alles wie in einer Wagner-Oper.

... so schallt es heraus

Die konzertanten Gesänge unserer Singvögel, die ja durchaus unterschiedlich begabt sind und auch ein arttypisch verschiedenes Repertoire zu Gehör bringen,

Zaunkönig (*Troglodytes troglodytes*) auf seiner Singwarte (links).

Mit Gesang in die Saison: Singdrossel (*Turdus philomelos*, rechts).

sind in der Hauptsache eine Veranstaltung des frühen Morgens, auch wenn tagsüber und sogar bis Einbruch der Dunkelheit immer mit beeindruckenden Einzeldarbietungen zu rechnen ist. Das Morgenkonzert beginnt jeden Tag ein wenig früher. Zeitgeber und Programmgestalter ist nämlich die zunehmende Tageslänge während der Frühlingswochen. Am 1. März geht die Sonne in Mitteleuropa etwa um 7.10 Uhr auf. Mit jeweils ungefähr zehnminütigem Abstand beginnen Grünfink, Buchfink, Kohlmeise, Zaunkönig und Amsel ihren Vortrag. Bis Ende März wird der Konzertbeginn auf etwa 6.10 Uhr vorverlegt, jeden Tag durchschnittlich um zwei Minuten. Die Reihenfolge der Solisten wird jedoch beibehalten, denn jede Vogelart reagiert auf einen arttypischen Helligkeitsschwellenwert – ein Hochgenuß für die Ohren, aber nur für entschlossene Frühaufsteher.

Tips für die Praxis

* Vogelstimmen anhand von Schallplatten oder Ton-Cassetten lernen
* Wann tauchen Kuckuck, Waldlaubsänger oder Mönchsgrasmücke im Chor auf?
* Welche Vogelarten besetzen eine feste Singwarte?
* Friedhöfe und Parkanlagen mitten in der Großstadt haben eine ähnliche Singvogelfauna wie Laubmischwälder. Stimmt auch hier die Vogeluhr?

Den Durchbruch schaffen

Kaum kündigt sich das Frühjahr mit zunehmenden Tageslängen und kräftiger Sonnenstrahlung an, ist es auch schon aus mit der Winterruhe der Knospen. Sie treiben aus und setzen ihr monatelang behütetes Innenleben gleichsam an die frische Luft. Nur knapp zwei Wochen benötigen die winterkahlen Gehölze bis zur vollständigen Wiederergrünung – wenn die Temperaturen stimmen. Die wirksamste Entwicklungshilfe leistet nämlich immer noch die wärmende Sonne. Die größeren Tageslängen können die eventuell fehlenden Temperaturwerte nicht ausgleichen. Sollte der April also mit Kühlschranktemperaturen aufwarten, geht die Begrünung entsprechend langsamer voran. Ein warmer Früh-

lingstag mit etwa 15 Grad Celsius oder mehr vollbringt dagegen wahre Wunder. Die Knospenöffnung der Gehölze, die aus der Winterruhe erwachen, ist zweifellos der auffälligste Entwicklungsschub, der sich vor unseren Augen abspielt.

Licht und Wärme sind äußere Entwicklungsfaktoren, die die Blattentfaltung steuern. Daneben müssen aber auch die inneren Voraussetzungen stimmen. Entwicklung und Leben benötigen vor allem Wasser. Während der winterlichen Kälte wäre ein zu hoher Wassergehalt für die Gehölze gefährlich gewesen. Sie mußten daher aus Gründen von Frostschutz und Gewebesicherheit die Wasserzufuhr drosseln und dazu auch ihre wasserver-

brauchenden Blattorgane ablegen. Jetzt im Frühjahr wird der umgekehrte Weg beschritten. Bevor der Laubaustrieb einsetzen kann, müssen die inneren Wasserleitungen der Gehölze und alle Zapfstellen für das künftige Sommergrün rasch auf volle Kapazität gebracht werden.

Früher nahm man an, die Wurzeln der Bäume und Sträucher wären so eine Art Pumpstation, die das Bodenwasser bis hoch in die letzten Spitzen des Geästs heben. Aus vielerlei Gründen können sie den dazu notwendigen Druck aber gar nicht aufbringen. Folglich muß die Wasserversorgung im wesentlichen andere Wege nehmen. Heute weiß man, daß das Wasser überwiegend vor Ort in Stamm und Zweig entsteht: Wenn die Stoffreserven eines Waldbaumes im Frühjahr mobilisiert und umgesetzt werden, entsteht durch Veratmung ständig Stoffwechselwasser. Dieser Prozeß verstärkt sich sogar selbsttätig: Je rascher die Atmung im Gewebe in Gang kommt, um so mehr Wasser wird auch zur Verfügung stehen. Eine ganze Kaskade von Abläufen und Stoffwechselleistungen ist also schon in Betrieb, noch ehe man eine Spur von Laubaustrieb und frischem Grün erkennen kann.

Die Knospe schwillt

Mit dem Anlaufen der komplizierten Stoffwechselmaschinerie in Baum oder Strauch sind gleichsam die Weichen für alle anderen Lebenstätigkeiten gestellt. Sobald reichlicher Wasser zur Verfügung steht, pumpen sich die anfangs noch recht trocken in der Knospenhülle liegenden Blätter so richtig voll. Mit dieser Wasseraufnahme schwellen die Winterknospen sichtlich an: Bei den meisten Gehölzen verlängern sie sich in dieser Phase auf mehr als das Doppelte, während ihr Volumen sogar um den Faktor acht bis zehn zunimmt. Diese Wasseraufnahme ist nicht mehr umkehrbar, auch wenn zu diesem Zeitpunkt noch einmal eine Kälteperiode mit Nachtfrösten einsetzen sollte. Zum Glück sind jedoch die startenden Sommerblätter in den Knospen viel weniger kälteempfindlich, als gewöhnlich angenommen wird.

Schließlich ist es soweit: Das junge Grün „bricht" hervor, wie das

Die Hainbuche (*Carpinus betulus*) belaubt sich: Durch Wasseraufnahme vergrößert sich das junge Blatt. Erst nach der Befreiung von den Schuppen der Knospenhülle setzt die eigentliche Entfaltung ein. Alle arttypischen Merkmale sind bereits jetzt erkennbar.

Kalenderblatt für den Monat April vermerkt. Unzutreffender könnte man den Vorgang der Knospenöffnung wohl kaum beschreiben. Die abschottenden Knospenhüllen werden von den sichtlich wachsenden Blättern nämlich nicht einfach weggesprengt, weil von innen ein großer Druck aufgebaut wurde. Die Sache vollzieht sich erheblich behutsamer. Bevor sich ein Blatt aus seinem sicheren Winterversteck hervorzwängt, haben sich auch die einzelnen Knospenschuppen merklich gestreckt und verlängert. Der anfangs noch rundum verschlossene Verband der braunen, etwas hornigen und ziemlich steifen Schuppenblätter wird bei der Wasseraufnahme seinerseits gelockert und vergrößert. Die Schuppenblätter der Knospenhülle wachsen sogar noch ein Stück mit, wie man an ihrer bleichen und wachsweichen Basis erkennen kann. So wird der Weg für das eigentliche Blattwerk frei. Blattknospen verhalten sich exakt so wie eine noch geschlossene Blüte: Die schützende Verpackung schert beim Austrieb zur Seite weg und schafft somit freie Bahn für die neuen Blätter und den jungen Triebzuwachs.

Die Hüllen fallen

Während des Laubaustriebs und sogar noch eine Weile nach der Entfaltung der Blätter bleiben die sichtlich verlängerten Knospenschuppen am Gezweig. Dann aber wird – mitten im Frühjahr – schon ein wenig dem kommenden Herbst vorgegriffen. Die nicht weiter benötigten Schuppenblätter werden genau wie beim herbstlichen Laubfall abgestoßen. An der Basis der neuen Jahrestriebe, die nun ebenfalls aus den Knospen zum Vorschein kommen, hinterlassen sie deutli-

che Marken und Narben, die man auch dann noch erkennen kann, wenn die letzte Hülle schon lange gefallen ist.

Sobald sich das Packmaterial für das Sommergrün gelockert hat oder gar abgefallen ist, wird auch deutlicher sichtbar, wie die jungen Blätter eigentlich in der Knospe untergebracht waren. Für die Verpackung von vergleichsweise viel Blattmasse auf kleinstmöglichem Raum werden von der Natur verschiedene Wege beschritten. Die Bezeichnung Blatt„entfaltung" bezeichnet bereits recht zutreffend eine der vielen Möglichkeiten, wie junge Blätter praktisch und raumsparend verpackt sein können. Bei vielen Gehölzen liegen sie einfach ganz eng aufgefaltet in der Knospe. Bei der Hainbuche oder der Hasel bleiben die Knick-und Bügelfalten der mehrfachen Querfaltung während des gesamten Sommers sichtbar. Bei Rotbuche oder Birke glätten sich die Faltblätter dagegen ziemlich bald. Fächerförmig gefaltet sind die schönen handförmigen Blätter der Ahorn-Arten. Auch hier bleiben nach der Entfaltung im Frühjahr keine allzu auffälligen Knickmuster zurück. Im Unterschied zur ziehharmonikaartigen Mehrfachfaltung gibt es bei unseren Gehölzen auch eine einfache Auffaltung, meist entlang des Hauptnervs. Die Blätter der Vogel-Kirsche ruhen nach diesem Muster in der Knospe.

Es gibt indessen auch völlig andere Lösungen des Verpackungsproblems. Viele Blätter sind beispielsweise in der Knospe aufgerollt. Während sie bei den Farnen immer in Längsrichtung aufgewickelt sind und beim weiteren Wachstum buchstäblich eine „Entwicklung" durchlaufen, zeigen etliche Laubhölzer Querrollung (Weiden, Eichen).

Fix und fertig

Beim jungen Laub, das sich mit kräftigen Wachstumsschüben aus seiner zurückweichenden Verpackung vorschiebt, muß eigentlich sein beachtlicher Differenzierungsgrad auffallen. Schon kurz nach Öffnung der Knospe ist bereits die endgültige Blattform mit allen arttypischen Kennzeichen der Ausgestaltung sichtbar. Die mehr als vier Millionen Zellen, aus denen beispielsweise ein Rotbuchenblatt besteht, sind beim Laubaustrieb alle schon vorhanden. Das gesamte Schauspiel des Laubaustriebs besteht in diesem Fall tatsächlich nur noch aus der Größenzunahme ohne Zellteilungen.

Etwas schlaff mag uns die hellgrüne, frisch an die Luft gesetzte Belaubung vielleicht noch erscheinen. Auch dieses Problem wird relativ rasch bewältigt. Weitere Wasseraufnahme und Gewebefestigung beheben auch die anfänglichen Haltungsschwächen.

Tips für die Praxis

✳ Zweige schneiden, in der Wohnung Knospen treiben lassen (Barbara–Zweige)
✳ Makroaufnahmen von Knospen in unterschiedlichen Stadien anfertigen
✳ Blatt- und Blütenknospe einer Kastanie im Längsschnitt unter der Lupe betrachten

Rot-Buche (*Fagus sylvatica*): Als schlaffe Zipfel hängen die verlängerten Knospenschuppen herab (oben).

Lärche (*Larix decidua*): Laubaustrieb gleich dutzendfach (unten).

Kunterbunte Bodentruppe

Lange bevor sich das Kronendach der Bäume mit frischem Laub begrünt, herrscht am Waldboden bereits Hochbetrieb. Weitreichende Blütenteppiche breiten sich dort zu einem Zeitpunkt aus, wo in den angrenzenden Wiesen und Fluren praktisch noch tiefe Winterruhe herrscht. Der Laubwald erlebt seinen eigentlichen floristischen Höhepunkt lange vor dem Laubaustrieb. Leuchtend gelb heben sich da beispielsweise die sternförmigen Blüten des Scharbockskrautes vom frischgrünen Hintergrund seiner rundlichen Blätter ab. Vor allem die etwas feuchteren Stellen in Bodensenken oder an den sanft abfallenden Ufern der Waldbäche werden gerne von diesem ausgesprochenen Frühstarter besiedelt. Etwas trockener geht es gewöhnlich an den Standorten des weißblütigen Busch-Windröschens zu, das den Boden oft mit tausendfachem Blütenflor überzieht. Seine gelbblühende Verwandte, das Gelbe Windröschen, bildet zwar ebenfalls ansehnliche Bestände, kommt aber im ganzen wesentlich zerstreuter vor. Schließlich steuern die Hahnenfußgewächse, zu denen diese Arten gehören, mit dem aparten Leberblümchen auch noch Blaublütiges zum Aspekt des Waldbodens bei.

Ausgesprochen hübsche Erscheinungen unter den frühblühenden Arten der Laubwälder sind die Lerchensporn-Arten mit ihren reinweißen, lilafarbenen oder grün-purpurnen Blüten. Am häufigsten wird man wohl den Hohlen Lerchensporn treffen. Seine beiden Verwandten, der Gefingerte und der Mittlere Lerchensporn, sind durchweg seltener. Ihren Namen haben diese Pflanzen nach der spornförmig nach rückwärts verlängerten Blütenkrone. Wenn man diesen Blütensporn vorsichtig öffnet, findet man darin eine kleine, grüne Nektardrüse. Nur besonders langrüßlige Blütenbesucher, beispielsweise Hummeln, können von dem süßen Angebot naschen. Dabei erzeugen sie im vorderen Teil der Blüte soviel Unruhe, daß sie sich mit einiger Gewißheit eine Menge Pollen aufladen.

Häufig wird der Hohle Lerchensporn vom Gefleckten Lungenkraut begleitet, dessen Blüten durch ihren lebhaften Farbwechsel von Hellrot nach Blaulila auffallen. Diese dekorative Farbabstufung wird durch die Veränderung der Säurewerte in den Kronblättern gesteuert. Recht unscheinbar, aber verhältnismäßig häufig ist das Moschuskraut. Ihr kleiner Blütenstand sieht aus wie ein gestielter Würfel. Die vier Flankenblüten sind fünfzählig, die Gipfelblüte ist vierzählig konstruiert.

Gründe für den Frühstart

Die frühblühenden Pflanzen im Laubwald sind allesamt ökologische Spezialisten. Sie haben ihren Entwicklungs- und Blührhythmus exakt auf einen Zeitraum eingerichtet, wo es einerseits nicht mehr allzu kalt, auf der anderen Seite aber auch noch nicht zu dunkel ist. Wenn die Frühjahrssonne durch die noch kahlen Baumkronen scheint, erwärmt sich der dunkle Waldboden rascher als der Luftraum. Auch die locker geschichtete, braune Laubstreu schluckt die wärmenden Sonnenstrahlen sehr bereitwillig, so daß hier durchaus Tagestemperaturen bis über 20

Waldboden-Blütenteppich aus Hohlem Lerchensporn (*Corydalis bulbosa*).

Grad Celsius gemessen werden. Für die Waldbodenpflanzen bedeutet diese Sonderzuteilung an Wärme natürlich eine willkommene Starthilfe mit kräftigem Entwicklungsschub. In erstaunlich kurzer Zeit können sie daher ihre Blattorgane und Blüten entfalten. Ein weiteres Anpassungsmerkmal kommt ihnen dabei zu Hilfe. Alle Frühjahrsblüher des Waldbodens besitzen unterirdische Speicherorgane mit beträchtlichen Stoffreserven. Während andere Pflanzen in den Frühlingswochen zunächst einmal günstige Außentemperaturen abwarten müssen, um Stoffe für Wachstum und Entwicklung zu produzieren, kann die bunte Bodentruppe des Waldbodens gleichsam ans Eingemachte gehen.

Bei Märzenbecher, Goldstern und Bärlauch finden wir Zwiebeln als Nährstoffreserve. Leberblümchen, Anemonen, Lungenkraut oder Salomonssiegel besitzen kriechende Wurzelstöcke (=Rhizome). Die Lerchensporn-Arten verwenden Sproßknollen als Stoffspeicher, und beim Scharbockskraut sind es längliche Wurzelknollen. An diesen Speicherorganen befinden sich auch die Erneuerungsknospen.

Tips für die Praxis

* Herbarium von Frühjahrsblühern anlegen (Naturschutz!)
* Frühjahrsblüher fotografieren und dokumentieren
* verschiedene Blütentypen sammeln, Blütendiagramme erstellen

Frühlingswald. 1 Zitronenfalter, **2** Waldmaus, **3** Hohler Lerchensporn, **4** Busch-Windröschen, **5** Wegschnecke, **6** Zwerg-Spitzmaus, **7** Scharbockskraut, **8** Waldhummel, **9** Lungenkraut, **10** Zaunkönig.

Haufenweise Ameisen

Im Frühjahrswald sieht man sie am besten: Solange Krautschicht und Unterwuchs noch einigermaßen licht sind, fallen die imposanten Ameisenhügel natürlich besonders in den Blick. Mit 1-2 Metern Höhe gehören sie zweifellos zu den eindrucksvollsten Bauten, die Insekten in unseren Breiten zustande bringen. Vor allem in Nadelholzbeständen oder in artenreichen Laubmischwäldern findet man die Ameisenburgen gerne an sonnigen Rändern, fallweise aber auch im tiefen Schatten. Das unendliche Gewimmel in einem Ameisenhaufen ist geradezu sprichwörtlich. Allein die auf seiner Oberfläche oder auf den abführenden Straßen aktiven Ameisen kann man zahlenmäßig kaum erfassen, von der eigentlichen Burgbesatzung einmal ganz abgesehen. Insofern müssen sich Zahlenangaben wohl eher auf Schätzungen stützen. Irgendwo zwischen einer halben und einer Million Individuen wird sich die tatsächliche Größe eines Ameisenvolkes schon bewegen.

Die im Wald sichtbaren Ameisenhügel sind gewöhnlich die Bauten der Kleinen Waldameise *(Formica polyctena)* oder der Roten Waldameise *(Formica rufa)*. Mit bloßem Auge sind die beiden sehr ähnlichen Arten nicht zu unterscheiden. Erst die Lupe zeigt die feine Behaarung auf Kopf und Brust der Roten Waldameise, die der Kleinen Waldameise fehlt.

Bergbau im Kleinformat

Der oberirdisch sichtbare Nesthügel ist oft nur der kleinere Teil der gesamten Anlage. Im Gegensatz zu den Bienen, Hummeln und Wespen bauen die Ameisen keine mathematisch exakten Waben oder Zellen, sondern nagen Hohlräume in Holz oder räumen Kammern und Gänge im Boden aus. Bei den Waldameisen befindet sich die Nestbasis tief im Boden. Ihr Nestbau vollzieht sich – bergmännisch gesprochen – im Untertagebetrieb. Der dabei anfallende Abraum wird über dem unterirdischen Kammern- und Gängesystem aufgetürmt und ebenfalls durchkammert. Außerdem tragen die Waldameisen aus der Umgebung ihres Nestes Nadelblätter, Zweigstücke und anderes Pflanzenmaterial zusammen, um es ebenfalls aufzuschichten. Oft lehnt sich der kegelförmige Hügel eng an einen Baumstamm an oder übertürmt einen Baumstubben. Die Abdeckung des Hügelbaus mit totem Pflanzenmaterial ist ein wichtiger Bestandteil der Wärmeregulation. Nachdem die Frühjahrssonne die gesamte Burg einmal kräftig durchwärmt hat, wird sie bis zum nächsten Wintereinbruch auf eine gleichbleibende Temperatur eingestellt.

Vielköpfige Organisation

Die meisten Bewohner eines Ameisennestes gehören zur Arbeiterkaste – es sind genetisch Weibchen, die nicht geschlechtsreif werden und ungeflügelt bleiben. Die geschlechtsreifen Weibchen werden bei den Ameisen wie bei den Bienen oder Hummeln Königin genannt. Sie sind zumindest in der Zeit des Hochzeitsfluges geflügelt, werfen die Flügel aber nach der Begattung ab. Auch die Männchen sind geflügelt. Ihr Leben endet gewöhnlich mit der Hochzeit. Im Unterschied zu den anderen sozialen Hautflüglern

Ameisenburgen lehnen sich häufig an Baumstämme an.

leben in einem Ameisennest mehrere Königinnen zusammen, bei der Kleinen Waldameise eventuell sogar mehrere tausend, wobei jede allerdings einen eigenen Nestbereich besitzt. Aufgabe der Königin ist die Eiablage – sie ausschließlich produziert die zahlreiche Nachkommenschaft, und dies mitunter über ein ganzes Jahrzehnt hinweg. Waldameisen erreichen nämlich ein für Insekten respektables Alter von vielen Jahren. Bienen, Hummeln oder Faltenwespen sind im Vergleich dazu enorm kurzlebig: Sie bringen es allenfalls auf einige Wochen bis Monate.

Unter günstigen Voraussetzungen vermehrt sich ein Ameisenvolk sehr rasch. Wenn die Besatzung einer Nestburg offenbar zu groß wird, werden im Abstand von vielleicht 20-50 Meter Tochternester gegründet. Die Tochtervölker bleiben untereinander und mit der Mutterkolonie gewöhnlich im Kontakt, tauschen sogar Brut, Arbeiterinnen und gegebenenfalls auch Königinnen untereinander aus. Daher kann man sämtliche Nester und Hügelbauten eines Waldstücks mit einiger Wahrscheinlichkeit als einheitliche Superkolonie auffassen. Nicht nur kilometerlange obertägige Ameisenstraßen verbinden die einzelnen Nestburgen miteinander. Auch ein weitreichendes unterirdisches Gangsystem schafft Direktverbindungen.

Die Vermehrungsfreudigkeit der Waldameisen wird seit geraumer Zeit auch praktisch genutzt: Zur gezielten Ameisenhege gehört es, mit verschiedenen erprobten Me-

thoden die Völker zu vermehren und die abgeteilten Kolonien der Waldameisen in unterbesetzten Waldrevieren anzusiedeln.

Klebende Beweise

Forstleute sehen es nämlich durchaus nicht ungern, wenn sich Waldameisen von selbst einfinden oder erfolgreich ansiedeln lassen. Immerhin machen die Ameisen eifrig Jagd auf andere Insekten und deren Larven, darunter sicherlich auch auf Arten, die bei Massenauftreten als Forstschädlinge sehr gefürchtet sind. Die Kleine Waldameise ist bei diesen Attacken noch weitaus angriffslustiger als die Rote Waldameise. Ein mittelstarkes Ameisenvolk verbraucht für seine Ernährung im Jahr etwa 80 000 Larven, 25 000 Puppen und rund 30 000 Falter etwa von Kiefernspanner, Kieferneule, Kiefernspinner und etlichen anderen Arten. Gerade in schädlingsbedrohten Waldgebieten versucht man daher, die nützlichen Waldameisen anzusiedeln, und widmet der Ameisenhege große Aufmerksamkeit.

Waldameisen ernähren sich jedoch nicht nur räuberisch, sondern sind typische Gemischtkösten. Eine besondere Vorliebe haben sie beispielsweise für den Honigtau entwickelt, den sie neben tierischer Beute in reichen Mengen eintragen. Honigtau nennt man die zuckersüßen Ausscheidungen pflanzensaugender Insekten, beispielsweise von Blatt- und Schildläusen. Wald-

Vertreter eines Vielvölkerstaates: Kleine Waldameise (*Formica polyctena*, oben).

Blattläuse sind für Ameisen lebende Honigtöpfe (unten).

ameisen unterhalten zu diesen Pflanzensaugern feste Beziehungen. Wo etwa Blattläuse auf den Laubblättern der Bäume und Sträucher gleichsam vor Ort sitzen, kann man auch immer wieder Ameisen beobachten, die die Läuse mit den Fühlern betrillern und so zur vermehrten Saftabgabe veranlassen. Sie schützen ihre Zuckerlieferanten sogar gegen Angreifer oder Parasiten. Verwandte Arten der Waldameisen tragen junge Blattläuse zu ihren jeweiligen Wirtspflanzen. Damit fördern sie natürlich den Blattlausbesatz auf den Waldbäumen und die Stoffverluste, die den Bäumen durch die Zuckersaftabzweigungen entstehen. Die schmierig-glänzenden Honigtaubeläge auf den Laubblättern sind

Ameisen bei der Futterübergabe.

der klebende Beweis dafür, daß die Zuckerromanze der Ameisen zu den Pflanzenläusen hervorragend funktioniert. Die Förderung der Honigtauproduktion kommt auf der anderen Seite aber auch den Bienen zugute: Waldhonig (Tannen- oder Fichtenhonig) ist ja nichts anderes als der mit immensem Fleiß von den Bienen eingetragene Honigtau.

Tips für die Praxis

∗ Aktivitäten an einem Ameisenhaufen über eine längere Zeit beobachten
∗ Auf Ameisenstraßen achten: Verkehr und Gegenverkehr, Kommunikation, Transport, Verlauf der Straße
∗ Die Straße mit einem Hindernis (oder Futter) unterbrechen, das Verhalten beobachten (Hindernis wieder entfernen)

Vom Blütentraum am Frühlingsbaum

Wenn die Obstbäume blühen, verändert die Kulturlandschaft ihr Gesicht. Auch so blühstarke Sträucher wie Schlehe, Weißdorn, Hartriegel, Holunder oder Liguster sind selbst aus der Entfernung nicht zu übersehen: Ganz in Weiß präsentieren sich Saumgehölze und Gebüsche aus diesen Arten. Die Blüte der Waldbäume fällt dagegen kaum in den Blick – keine plakative Aufmachung, kein üppiges Dekor und kein betörender Duftzauber. Das Blühen der waldbildenden Bäume ist eher eine Untertreibung. Sie bringen zwar Blüten, aber eben keine Blumen hervor. Dennoch sind ihre Blühorgane gar nicht einmal so uninteressant und mit Sicherheit einen genaueren Blick wert.

Dabei stellen sich aber bereits die ersten Probleme ein. Häufig befinden sich die Baumblüten so hoch in der Wipfelregion der Krone, daß der Blick sie nicht mehr erreicht. Die Blüten von Fichten und Wald-Kiefern bekommt man fast nie zu sehen, und in jungen Jahren bei noch überschaubaren Abmessungen blühen diese Bäume einfach nicht. Etwas anders ist es bei der Lärche oder bei der forstlich häufiger verwendeten Bergkiefer. Sie blühen auch an den tiefer reichenden Ästen und Zweigen. Auch viele Laubbaumarten kommen mit ihren Blühgewohnheiten unseren Möglichkeiten förmlich entgegen.

Der kleine Unterschied

Recht einfach aufgebaute Blüten tragen die Nadelbäume. Sie sind immer eingeschlechtig. Weibliche und männliche Blüten finden sich bei den Kiferngewächsen (Fichte, Kiefer, Lärche, Tanne, Douglasie) immer auf der gleichen Pflanze, bei den Eibengewächsen (Eibe) und einheimischen Zypressengewächsen (Wacholder) jedoch auf verschiedenen Individuen. Bei den Kiefernverwandten sind die weiblichen Blüten in kleinen, als Blütenstand gedeuteten Gebilden vereinigt, die bereits die Gestalt der späteren Zapfen erkennen lassen. Die männlichen Blüten bestehen aus zahlreichen gelblichen Pollensäcken ohne jede weitere Verzierung. Bei den Nadelhölzern funktioniert die Pollenübertragung nach einem denkbar einfachen Prinzip. Die staubfeinen Pollenmassen werden dem Wind überlassen und mit den Luftströmungen über weite Strecken verfrachtet. Jeder Windstoß trägt ganze Wolken aus schwefelgelbem Pulver aus den Baumkronen. Statistisch fallen auf jeden Quadratmeter Landoberfläche in Mitteleuropa etwa zwei Millionen Nadelholzpollen. Die Pollenproduktion einer einzigen Fichte geht in die Milliarden. Ein Glück für Allergiker: Nadelholzpollen rufen keinen Heuschnupfen hervor. Die Apfelblüten, die im Frühjahr bestäubt und befruchtet werden, kann man im Herbst als gereifte Äpfel vom Baum pflücken. Nicht so bei den Kiefern. Die weiblichen Blüten, die in diesem Frühjahr bestäubt werden, können erst im Juni des Folgejahres mit der Befruchtung rechnen. Zwischen beiden Ereignissen vergehen also fast 13 Monate. Trotzdem vergrößern sich die weiblichen Blütenstände noch in diesem Sommer zu einem verholzten Zapfen, der allerdings erst im übernächsten Herbst reife Samen freigibt.

Die unglaublichen Pollenmassen, die die Nadelhölzer in den Wind

Blütenstand des Spitz-Ahorns (*Acer platanoides*) – Blüte vor dem Laubaustrieb (links).

Kätzchenblütenstände der Hänge-Birke (*Betula pendula*, rechts).

geben, sind eine besondere Anpassung an den Bestäubungsweg. Der Wind arbeitet unzuverlässig und schon gar nicht zielgenau. Solche Nachteile müssen ausgeglichen werden. Damit dennoch eine gewisse Trefferquote erreicht wird und möglichst viele weibliche Blüten bestäubt werden, müssen eben besonders große Mengen auf den Weg gebracht werden. Zwei Gründe könnten für diese spezielle Taktik ausschlaggebend sein: Einerseits stammen die Nadelhölzer entwicklungsgeschichtlich aus einer geologischen Epoche, als für alternative Formen der Bestäubung noch gar keine Voraussetzungen bestanden, und auf der anderen Seite bilden viele Nadelholzarten in der Natur so ausgedehnte, individuenreiche Bestände, daß überhaupt nicht genug tierische Bestäuber zur Verfügung stehen.

Geplanter Männerüberschuß

Ganz ähnliche ökologische Gründe mögen dafür ausschlaggebend sein, daß auch etliche waldbildende Laubbäume das Verfahren der Windbestäubung beibehalten und mit Erfolg einsetzen. Bei Erle und Hasel, Hainbuche und Birke, Eiche und Rotbuche ist zudem klar zu erkennen, daß die Windbestäubung nur mit einem beträchtlichen Männerüberschuß funktionieren kann. Wenn diese Laubgehölze in Blüte stehen, sieht man auf den ersten

Blick immer nur die männlichen Blütenstände. Bei den Hasel- und Birkengewächsen sind es reichblütige, im Wind locker hin und her baumelnde Kätzchen. Auch unsere Eichen gehören zu den Kätzchenblühern, während die männlichen Blüten der Rot-Buche aus langgestielten, kugeligen Gebilden bestehen, aus denen die Pollenfracht bei jeder leisen Luftbewegung nur so hervorrieselt. Der massive Einsatz von Laubbaumpollen sticht manchen Leuten ganz erheblich in der Nase: Die Pollen von Hasel, Erle, Hainbuche und Birke sind allergologisch sehr wirksam.

Die weiblichen Blüten der windblütigen Laubgehölze sind gar nicht so leicht zu entdecken. Am ehesten gelingt es vielleicht noch bei der Hasel, die ja lange vor dem Laubaustrieb blüht: Die Blüten sehen aus wie gewöhnliche Winterknospen, aus denen allerdings die karminroten Narben weit hervorschauen, um vom vorbeistreichenden Pollenstrom auch tatsächlich erreicht zu werden. Auch bei der Hainbuche oder der Birke finden sich besonders lange Narben als Zielorgane des Massenversandes von Pollen.

Blüten als Saftläden

Tiere können Pollen selbstverständlich viel genauer und zielgerichteter transportieren als der Wind. Wenn Insekten geschäftig von Blüte zu Blüte eilen, stellen

Bei der Rot-Buche (*Fagus sylvatica*) werden die männlichen Blüten zu köpfchenförmigen Blütenständen zusammengefaßt (oben).

In Büscheln hängen die männlichen Kätzchen der Stiel-Eiche (*Quercus robur*) herab (unten).

sie die Pollen sozusagen im Direktverfahren zu. Sie verrichten die Pollenspedition allerdings nicht uneigennützig, sondern weil sie in den angeflogenen Blüten reichlich Nahrung finden. Blüten, die auf tierische Bestäuber warten, müssen daher über besondere Lockmittel und Zusatzeinrichtungen verfügen, die mit dem Bestäubungsvorgang selbst überhaupt nichts zu tun haben. Schon bei den einfachsten Blüten, die sich auf tierische Besucher eingestellt haben, finden sich beispielsweise Nektardrüsen. An den männlichen und weiblichen Blüten der Weiden-Arten kann man die Nektardrüsen gut erkennen. Besonders üppig geben die Blüten unserer Ahorn-Arten Nektar ab. Die flach scheibenförmig ausgebreiteten Blüten etwa von Spitz- oder von Berg-Ahorn sehen aus wie randvoll gefüllte Kompottschüsseln. Die Blüten sind zwar noch nicht allzu blumig aufgemacht, aber die reiche Nektartracht lockt: In einem blühenden Ahorn herrscht hörbar emsige Geschäftigkeit. Optisch auffällige Spektakel kommen bei den Waldbäumen nicht vor.

Tips für die Praxis

✻ männliche und weibliche Blüten sammeln und vergleichen
✻ Makroaufnahmen von Blüten erstellen und sammeln
✻ Pollen sammeln, unter dem Mikroskop ansehen

Trotz Windblütigkeit fallen die weiblichen Blütenstände der Berg-Kiefer (*Pinus mugo*) durch lebhafte Färbung auf (oben).

In großer Anzahl entwickelt die Lärche (*Larix decidua*) ihre Blütenstände, die schon am Jahresende zu Zapfen heranreifen (unten).

Ein Stück aus längst vergangener Zeit

Zu einem Laub- oder Nadelwald und selbst zu einem Forst gehören nicht nur Bäume, Sträucher, Gräser oder andere Blütenpflanzen. Auch die Farnpflanzen bilden einen wichtigen Bestandteil der Waldflora. Es gibt Wälder und Gehölzsäume, die außer von den Strauch- und Baumgehölzen fast ganz von Farnpflanzen dominiert werden.

Beim Begriff Farnpflanzen denkt man natürlich sofort an die großen, schmucken Wedelblätter der Farnkräuter. Sie sehen mit ihrer reichen Fiederung und Aufteilung schon fast aus wie kleine Gehölze, bestehen aber immer nur aus einem besonders groß geratenen Blatt.

Der Adlerfarn, der in lichten Wäldern und an Wegsäumen häufig vorkommt, besitzt von allen einheimischen Pflanzen die größten Blätter – sie werden tatsächlich über zwei Meter lang.

Zu den Farnpflanzen im weitesten Sinne gehören aber nicht nur die Wedelfarne. Zum gleichen Verwandtschaftskreis rechnet man auch noch die Bärlappe (in manchen Gegenden wegen ihrer Größe und Wuchsform auch Schlangenmoos genannt) sowie die eigenartigen Schachtelhalme. Ihre Stengel und Äste sehen aus, als habe man sie aus genormten Baukastenteilen zusammengesteckt.

Die Farne, Bärlappe und Schachtelhalme sind die unmittelbaren Vorläufer der Nacktsamer und der Bedecktsamer. Sie lassen erkennen, wie man denn eigentlich die Blüten unserer Nadelbäume oder Laubgehölze deuten muß und wie man sie entwicklungsgeschichtlich ableiten kann.

Sehen wir uns im Frühjahrswald einmal einen Farnwedel an, der den Winter überstanden hat und auch im Frühjahr noch grün ist, also einen Tüpfelfarn oder einen Schildfarn. Auf der Wedelunterseite sind mit Sicherheit viele braune Punkte zu sehen – es sind Ansammlungen von Sporenbehältern, in denen der Farn Sporen zur Fortpflanzung gebildet hat. Die Sporen sind so pulverfein, daß man sie mit dem bloßen Auge nicht erkennen kann.

Die Farnwedel erfüllen also gleich zwei Aufgaben: Als grüne Blattorgane ernähren sie die gesamte Pflanze, und mit der Sporenproduktion sorgen sie für deren Vermehrung.

Beim hübschen Wald-Schachtelhalm ist die Fortentwicklung dieser Problemlösung zu beobachten: Hier werden die sporenerzeugenden Einrichtungen am Ende der Hauptachse in einer Art Ähre zusammengefaßt, die bereits große Ähnlichkeit mit einem Zapfen hat. Ernährung und Vermehrung fallen nunmehr verschiedenen Bereichen an der Pflanze zu. Hätte diese endständige Sporangienähre nun auch noch eine zusätzliche Hülle aus kleineren oder größeren Blättern, könnte man sie schon fast als Blüte auffassen. Die Ähnlichkeit zu einer echten Blüte wird auch dadurch betont, daß sich die Farnbzw. Schachtelhalmsporen und die Blütenpollen der Nackt- oder Bedecktsamer in Größe, Entstehung und Aufgabe vollkommen entsprechen.

Frühe Landnahme

Ein gemeinsames Merkmal der Farn- und Blütenpflanzen sind die bündelweise angeordneten Leitbahnen, die die Stoffleitung durch die Stengel und Blätter be-

Straußfarn (*Matteuccia struthiopteris*) – so ähnlich könnten die früheren Farnwälder ausgesehen haben.

sorgen. Häufig werden diese Transportbahnen als Nerven bezeichnet, obwohl sie ihrer Aufgabe nach viel eher unserem Blutgefäßsystem vergleichbar sind und daher besser Adern genannt würden. Bei den Nadelhölzern, Laubbäumen und allen übrigen zweikeimblättrigen Pflanzen sind die Leitbündel immer auf einem Ring angeordnet. Bei den Farnen findet man eine abweichende Verteilung. Schneidet man beispielsweise einen Adlerfarn nahe der Wedelbasis mit einem scharfen Messer quer durch, erkennt man auf der Schnittfläche das Bild eines Doppeladlers – das räumliche Muster seiner Leitbündel hat ihm den Namen eingetragen.

Die stoffleitenden Adern in den Stengeln sind eine besondere Anpassung an das Landleben. Die Farne im weitesten Sinne waren nämlich die ersten Pflanzen, die mit der Besiedlung von landfestem Gebiet begonnen haben. Natürlich haben auch einige Algen und sehr viele Moose die Heimat allen Lebens, das Wasser, verlassen und die Besiedlung des Festlandes erprobt. Hinter ihren besser ausgestatteten Konkurrenten mußten sie jedoch notgedrungen zurückbleiben. Algen besitzen keine Leitbündel, und bei den Moosen sind nur sehr bescheidene Ansätze zur Stoffleitung vorhanden. Folglich stellen sich regelmäßig Probleme mit der Wasserversorgung der in den Luftraum ragenden Pflanzenteile ein. Die Farne haben diese Schwierigkeit durch gut funktionierende Wasserleitungen von

den Wurzeln bis in die letzten Verzweigungsspitzen behoben.

Vor rund 400 Millionen Jahren begannen sehr einfach gebaute Farnpflanzen mit der Landnahme und der allmählichen Eroberung landfester Gebiete, nachdem es zuvor nur wasserlebende Arten gegeben hatte. Fossilfunde dokumentieren alle wichtigen Stadien dieses Weges. Und schon vor rund 350 Millionen Jahren waren innerhalb der Farnpflanzen die drei Hauptgruppen entwickelt, die wir bis heute unterscheiden müssen – nämlich Wedelfarne, Schachtelhalme und Bärlappe. In der Steinkohlenzeit, vor etwa 300 Millionen Jahren, erlebten die Farnpflanzen ihren absoluten Entwicklungshöhepunkt: In den damaligen Wäldern wuchsen baumförmige Bärlappe und Schachtelhalme neben Riesenfarnen. Was von ihrer Produktionskraft und Biomasse übriggeblieben ist, wird heute als Steinkohle abgebaut und verwertet.

In der komplexen Lebensgemeinschaft Wald finden sich somit auch höchst unterschiedliche Partner zusammen – die Überbleibsel der Steinkohlenwälder und die entwicklungsgeschichtlich modernsten Pflanzen, die die Erde zu bieten hat. Ein Wald erweist sich bei näherem Hinsehen nicht nur in der räumlichen Gliederung als vielschichtiges Gebilde. Er ist auch zeitlich vielfältig, weil er aus allen wichtigen Etappen seiner Geschichte etwas behalten und weitergegeben hat.

Der Wurmfarn (*Dryopteris filix-mas*) „entwickelt" seine Wedelblätter (oben).

Die winzigen Sporenbehälter (Sporangien) sind auf der Wedelunterseite zu Sporangienständen (Sori) zusammengefaßt. Hier entstehen Millionen pulverfeiner Farnsporen (unten).

Früher einmal waldbildend, heute nur noch im Bonsai-Format: Wald-Schachtelhalm (*Equisetum sylvaticum*, oben).

Seine Vorfahren wuchsen in der Steinkohlenzeit noch baumförmig: Keulen-Bärlapp (*Lycopodium clavatum*) mit bleichgrünen Sporangienähren (unten).

Tips für die Praxis

∗ Ein Farnherbar anlegen
∗ Farnsporen auf Torfmull keimen lassen (mit Glasplatte abdekken)
∗ Schachtelhalmsporen unter dem Mikroskop ansehen
∗ Welche Farne haben funktionsverschiedene Wedel?

Sommer

Randgruppendasein

Ob Laubholz- oder Nadelholzbestand, ein Wald ist immer eine ziemlich geschlossene Gesellschaft. Nach dem ekstatischen Blühen des Frühjahrs geht es auf dem Waldboden während des Sommers sichtlich einfarbiger und ruhiger zu. Nur ausgesprochene Schattenspezialisten harren aus. Neben einigen Moosen gehören dazu verschiedene Gräser wie das Wald-Flattergras, das Nickende Perlgras, der Wald-Schwingel oder die Wald-Zwenke. Außerdem kommen hier verschiedene Hainsimsen-Arten vor, die ebenfalls eine grasartige Tracht aufweisen. An den glatten, am Rande sehr lang bewimperten Blättern kann man sie leicht von den echten Gräsern unterscheiden. Ein gemeinsames Merkmal sticht bei all diesen Pflanzen stark hervor: Sie tragen merkwürdig dunkelgrüne, mitunter sogar schwarzgrüne Blätter. Darin enthalten sie jede Menge Blattgrün, um nur ja die geringe Reststrahlung in der Sommerfinsternis des Waldes optimal zu nutzen. Auch die Stechpalme oder Hülse, die gern im Unterwuchs der Wälder vorkommt, ist eine entschieden Dunkelgrüne. Beim Efeu, der am Waldboden oder selbst als Emporkömmling an den Baumstämmen bis zum nächsten Herbst ein Schattendasein führen muß, finden wir ebenfalls kräftig dunkelgrüne Blätter. Ansonsten hält sich der erkennbare Artenreichtum aber sehr in Grenzen.

Kein Vergleich also zu den Waldwegrändern, Schlägen oder Lichtungen, wo der Wald nicht nur aus Bäumen, sondern auch aus Kraut- und Staudenfluren besteht. Und erst recht unterschieden vom Waldrand, wo sich der geschlossene Gehölzbestand mit den Lebensgemeinschaften der offenen Feldfluren verzahnen kann.

Übersichtliche Stufenregelung

Am naturbelassenen Waldrand fällt der hochwüchsige Baumbestand über mehrere Etagen bis auf die Höhe des relativ niedrigen Bewuchses der freien Feldflur herunter. Vor den höchsten Baumkronen von Rot-Buchen, Eichen oder anderen bestandsbildenden Arten baut sich eine Galerie von Bäumen mit geringer Wuchshöhe auf, die meist auch größere Ansprüche an die Lichtverhältnisse stellen. Feld-Ulmen wird man dort ebenso antreffen wie Hainbuchen, Spitz- oder Feld-Ahorn. Weiter randwärts folgen Großsträucher wie Hasel, Hartriegel, Weißdorn oder Holunder. Mit Faulbaum, Pfaffenhütchen oder Liguster übernehmen kleinere Straucharten die tiefere Ummantelung des Waldsaums. Und mit Brombeeren oder Wildrosen wird der Zugang zum Wald gleichsam versiegelt. Für blühende Farbigkeit sorgen zahlreiche Kräuter und Stauden, vom Ampfer oder Beinwell bis zu Weidenröschen oder Zotten-Wicke.

Ohne lenkende Eingriffe, wie sie von der laufenden Arbeit auf den angrenzenden Acker- und Grünländereien ausgehen, würde sich das so schön in Höhe und Tiefe gestaffelte Waldrandsystem im Maßstab von Jahrzehnten immer weiter voranschieben und auf die gehölzfreien Flächen übergreifen. Feldbestellung oder Beweidung verhindern allerdings die schrittweise Rückeroberung der ehemaligen Waldstandorte, die sonst sofort einsetzt.

Artenreicher Waldsaum im Übergang zum blumenreichen Halbtrocken-rasen.

Der Nutzen der Vielfalt

Im engen räumlichen Neben- und Übereinander eines Waldrandes entwickeln sich natürlich zahlreiche Kleinstrukturen, die exakt auf die Lebensraumansprüche der unterschiedlichsten Tiere passen. Wo der Wald endet, erwartet man vielleicht nur eine verarmte Waldfauna, die von der Tierwelt des offenen Kulturlandes allmählich abgelöst wird. Diese Übergänge bestehen, aber sie gestalten sich völlig anders: Am Waldrand trifft nämlich der größte Teil der Wald-, Saum-, Hecken-, Acker-, Wiesen- und Brachlandfauna zusammen. Entsprechend lebhaft und vielfältig geht es hier zu,

denn nicht Trennung, sondern Überlagerung kennzeichnet die Randgruppen-Lebensgemeinschaften im gemeinsamen Grenzstreifen. Hase, Fuchs und Igel lassen sich regelmäßig sehen. Mauswiesel, Spitzmäuse, Feld- und Waldmäuse sind hier zu Hause ebenso wie Eidechsen, Kröten oder Schnecken. Hier nisten Hummeln, bauen Spinnen an ihren Netzwerken, naschen Schmetterlinge von Blüten oder laben sich Larven vom Laub.

Tips für die Praxis

* Was wächst an Kräutern, Büschen und Bäumen auf einem 100 m breiten Waldrandstreifen?
* Blätter von Sträuchern sammeln, Herbar anlegen
* Tierleben in der Dämmerung beobachten (Waldrand als Grenze von Feld und Wald)

Waldrand. 1 Brombeere, **2** Heckenbraunelle, **3** Schnirkelschnecke, **4** Laufkäfer, **5** Zauneidechse, Weibchen, **6** Kriechender Günsel, **7** Große Sternmiere, **8** Dukatenfalter, **9** Heckenrose.

Gallenprobleme bei Pflanzen

Gallen bei Pflanzen? Man bezeichnet als Pflanzengalle ungewöhnliche Wucherungen an allen möglichen Teilen. Hervorgerufen werden sie immer von anderen Lebewesen. Gallen sind zeitlich und örtlich begrenzte Wachstumsreaktionen einer Pflanze, die nur unter Vermittlung eines Gallenerzeugers zustande kommen. Es entstehen dabei an Stengeln, Blättern, Blüten oder auch Wurzeln geschwulstähnliche Gewebewucherungen, die mit den eigentlichen Aufgaben der betreffenden Pflanzenteile überhaupt nichts zu tun haben und auch sonst keine Ähnlichkeit mit einem Pflanzenorgan haben. Eine Pflanzengalle eindeutig zu definieren, ist gar nicht so einfach. Sie als auffallende Abweichung vom normalen Bauplan bzw. als Mißbildung zu erkennen, ist zum Glück ziemlich unproblematisch. Gallträger können praktisch alle Verwandtschaftsgruppen des Pflanzenreiches sein. Auch niedere Organismen wie die Algen oder Lebewesen außerhalb des Pflanzenreichs, etwa die Pilze und Flechten, können Gallen tragen. Besonders häufig treten Gallen bei den zweikeimblättrigen Blütenpflanzen auf. In manchen Pflanzenfamilien besteht sogar eine ganz ungewöhnliche Neigung zur Gallbildung. Die weitaus meisten Gallen sind in Mitteleuropa auf den Vertretern der Buchengewächse, Weidengewächse, Rosengewächse und Korbblütengewächse zu finden. Rekordhalter sind zweifellos unsere Eichen: Bis zu 30 verschiedene Gallformen könnte man auf einem einzigen Baum entdecken.
Ebenso typenreich wie die Gallträger sind auch die Gallerreger. Die Auflistung beginnt bei den Bakterien, schließt etliche primitive Pilze ein und endet bei den Tieren, beispielsweise bei den Fadenwürmern, den Milben und den Insekten. Jeder Erreger erzeugt wirtsspezifisch eine besondere Gallform. Anhand der Gallen und der betroffenen Wirtspflanzen kann man daher ganz eindeutig auch auf den Erreger schließen.

Geradezu meisterhaft verstehen es die Insekten, pflanzliche Entwicklungsbereitschaft auszunutzen und nach ihrem eigenen Aktionsplan umzusteuern. So sind beispielsweise verschiedene Pflanzensauger wichtige Gallerzeuger. Bekannt sind unter anderem die Rote und die Grüne Fichtengallenlaus. Sie gestalten die Seitensprosse der Fichten völlig um: Sproßachse und Nadeln verwachsen miteinander und schwellen zur dickfleischigen, bleichgrünen Ananasgalle an. Auch im vertrockneten Zustand kann man diese charakteristischen Lausgallen noch lange an den Zweigen sehen.

Neben den pflanzensaugenden Läusen sind auch bestimmte Zweiflügler als Erreger von Gallbildungen bekannt. An Holz- und Kulturbirnen machen sich unter anderem die Birnengallmücken zu schaffen und sorgen dafür, daß die Birnen schon sehr frühzeitig zu ungewöhnlichen Formen anschwellen.

Die bizarrsten, ungewöhnlichsten und trickreichsten Gallen erzeugen jedoch die Gallwespen – sie gehören zu den Hautflüglern und sind daher mit Bienen, Hummeln oder Ameisen verwandt.

Am Beispiel der Eichenschwammgallwespe (*Biorhiza pallida*) wollen wir den Ablauf einer Gallbildung und ihre Zweck-

Eichengalläpfel der Gallwespe *Cynips quercusfolii* (links oben).

Eichengallwespe schlüpft aus ihrem Gallapfel, in dem sie sich verpuppt hatte (links unten).

Ziergalle der Gallwespe *Cynips longiventris* und Seidenknopfgallen der Gallwespe *Neuroterus numismalis* auf einem Eichenblatt (rechts).

bestimmung einmal verfolgen. Mitten im Winter, etwa zwischen Dezember und Februar, sticht das Weibchen mit seinem Legebohrer eine große Endknospe einer Eiche an und legt mehrere Eier hinein. Etwa ab Mitte März setzt die Entwicklung einer Knospengalle ein. Unter dem steuernden Einfluß hormonartiger Substanzen, die zum Teil noch vom Legeeinstich stammen, beginnt das Pflanzengewebe zu wuchern. Aus dem Ei schlüpft die Larve und sorgt durch weitere Stoffabgabe für zusätzlichen Wuchsanreiz. Ringsum wächst das Gewebe der Pflanzengalle, hält aber in seinem Zentrum ein Larvenkämmerchen frei. Die Larve hält sich somit inmitten reicher und ständig mitwachsender Nahrungsvorräte auf. Da die Larvenkammern ziemlich dicht beieinander liegen, wachsen die einzelnen Gallen zu sehr kompakten, kartoffelartigen, bis vier Zentimeter großen Gebilden heran.

Die Galle als Puppenstube

Etwa Mitte Juni endet das Wachstum der Galle mit ihren Larvenkammern. Im Juli stellen auch die Larven ihr Wachstum ein und verpuppen sich – die Galle enthält jetzt sozusagen mehrere Puppenstuben. Nach etwa vierzehntägiger Puppenruhe schlüpfen die nur zwei bis drei Millimeter langen Gallwespen – geflügelte Männchen und ungeflügelte Weibchen. Nachdem alle Gallwespen ihre Puppenstube verlassen haben, vertrocknet und verhärtet die Schwammgalle. An ihren Flanken kann man die Schlupföffnungen sehen.

Die befruchteten Weibchen der Sommergeneration, die sich in der Schwammgalle (Knospengalle) entwickelt haben, verkriechen sich bald in den Boden, um dort ihre Eier an Eichenwurzeln abzulegen. Wieder wird die Eiablage zum Initialereignis für eine Gallbildung, dieses Mal aber einer einzelnen Wurzelgalle. Galle und Larve benötigen unter Tage am Wurzelwerk der Eiche fast anderthalb Jahre für die komplette Entwicklung. Erst im Winter des Folgejahres schlüpfen aus den Wurzelgallen ausschließlich ungeflügelte Weibchen, die allerdings etwas anders aussehen als die Tiere der Sommergeneration und außerdem drei bis sechs Millimeter lang sind. Sie entwickeln unbefruchtete Eier und legen diese wiederum in die Blattknospen ab. Der vollständige Entwicklungszyklus einer Eichenschwammgallwespe dauert also volle zwei Jahre.

Gerade bei den Eichen kann man erfahren, daß dem Anreiz durch die Gallwespenlarven und der Reaktion des Pflanzengewebes heftige stoffliche Auseinandersetzungen zugrunde liegen, sozusagen eine permanente Kampfführung mit chemischen Mitteln. Die Larven der Gallwespen geben über ihre Speicheldrüsen Enzyme ab, mit denen sie die Reservekohlenhydrate der Eichenblätter in verwertbare Zucker umwandeln. Die Galläpfel, in denen sich die Larven mästen, produzieren jedoch Unmengen von Gerbstoffen, die die Insektenenzyme ausfällen und damit unwirksam machen können. Die Larven antworten auf diese chemische Attacke mit einem weiteren Enzymsystem, das Gerbstoffe zerstört und damit umgekehrt wieder die Nahrungsaufnahme sichert. Den enormen Gerbstoffgehalt von Eichengalläpfeln (erzeugt von der Gallwespe *Cynips quercusfolii*) hat man früher zur Herstellung von lichtechter Eisengallustinte genutzt. Wenn die schlüpfenden Gallwespen ihre diversen Gallen verlassen haben, stehen plötzlich Wohnungen für etwaige Nachmieter frei. Gewöhnlich halten allerhand Kleininsekten Einzug in die verlassenen Räume.

Tips für die Praxis

* Gallen in ein Glas bringen; welcher Gallenerreger schlüpft?
* welcher Wirt bildet welche Gallen?
* alle Gallenformen eines Wirtes (z. B. Eiche) sammeln
* Gallen aufschneiden und mit der Lupe betrachten

Große Linsengalle der Gallwespe *Neuroterus quercusbaccarum* (oben links).

Zwei Eichenrosen der Gallwespe *Andricus fecundator* (oben rechts).

Gallen der Buchengallmücke (*Mikiola fagi,* Mitte links).

Buchenblattgalle mit Larve der Buchengallmücke (Mitte rechts).

Ananasgalle der Roten Fichtengallenlaus (*Adelges laricis*) an Fichtenzweig (unten links).

Schnitt durch eine Ananasgalle mit Larvenkammern und Larven der Roten Fichtengallenlaus (unten rechts).

Wenn die Wälder Trauer tragen

Der jährliche Bericht löst immer wieder Betroffenheit aus: Bundesweit ist mehr als die Hälfte der Wälder (und Forsten) von den sogenannten Neuartigen Waldschäden bedroht. Auf etwa ein Prozent seiner Bestandsfläche ist das Ökosystem Wald bereits abgestorben oder zumindest sehr stark in Mitleidenschaft gezogen. Rund 15 Prozent aller Bäume lassen mittelstarke Schädigungen erkennen. Der Rest gilt als schwach, aber immerhin deutlich geschädigt. Die Kategorie 0 (= Waldfläche ohne erkennbare Schädigung) gibt es in der Bundesrepublik Deutschland nicht mehr, und im benachbarten Ausland ergibt die kritische Bewertung ein ganz ähnliches Bild. Jährlich nimmt die geschädigte Waldfläche um etwa anderthalb Prozent zu. Diese Entwicklung muß zu denken geben.

Langes Leben, rascher Tod?

Ein Lebensraumgefüge, das sich von der nacheiszeitlichen Tundra bis zur geschlossenen Waldbestockung der geschichtlichen Zeit über rund 10 000 Jahre hinweg prächtig entwickelt hatte, ist innerhalb weniger Jahre sichtlich in eine tiefe Krise geraten. Begonnen hat dieser Trend mit einem rätselhaften Absterben einzelner Tannen anfangs der 70er Jahre – eine Erscheinung, die die Forstfachleute zunächst für ein lokales oder regionales Problem innerhalb des natürlichen Verbreitungsgebietes dieses Baumes hielten. Aber schon bald zeigten sich auch an Fichten und Kiefern sowie an fast allen Edellaubholzarten vergleichbare Schadensbilder. Vor einem halben Jahrzehnt wurde die bisherige Diagnose „Baumschäden" durch den Begriff „Waldsterben" ersetzt – eine Wortwahl, die in den Schlagzeilen der Nachrichtenmedien sicher besser zur Wirkung kommt, aber durchaus keine Propaganda, sondern erlebbare Wirklichkeit ist. Baum- und Waldschäden sind an sich nicht neu. Schon in früherer Zeit ist es im Umkreis von Kohlenmeilern, Glas- oder Metallhütten und anderen Industriebetrieben immer wieder Ausfälle gegeben. Der räumliche und zeitliche Zusammenhang mit Rauchgasemissionen war offensichtlich. Die ersten genaueren Beobachtungen und Untersuchungen wurden im Oberharz und in sächsischen Hüttenrevieren schon vor weit über 100 Jahren durchgeführt.

Die neuartigen Waldschäden sind von ganz anderer Qualität. Sie haben flächendeckend nicht nur die Wälder der Bundesrepublik Deutschland erfaßt, sondern geradezu europaweit die Laub- und Nadelmischwälder zwischen den Vogesen und dem Ural. Unverständlich erschien dabei zunächst, daß die Schäden gerade dort in besonderem Maße sichtbar wurden, wo man sie eigentlich am wenigsten erwartet hatte, nämlich in den sogenannten Reinluftgebieten fernab aller Industriereviere und städtischen Ballungsräume. Es muß auf den ersten Blick geradezu paradox erscheinen, daß die Bäume im Fichtelgebirge oder im Bayerischen Wald in Bedrängnis gerieten, während es ihnen am Rande der Großstädte prächtig geht.

Wie gesund ist unser Wald?

Es ist nicht ganz einfach, die verschiedenen von den Forstfach-

Patient Baum: Kronenverlichtung bei
der Rot-Buche (*Fagus sylvatica*, links).

Saumbäume haben es besonders
schwer: Abgestorbene Stiel-Eichen
(*Quercus robur*, rechts).

leuten festgelegten Schadstufen
zu erkennen. Im fortgeschritte-
nen Stadium sind die Schädigungen der Bäume aber mit Sicherheit nicht zu übersehen. Wir betrachten typische Schadensbilder
am besten einmal getrennt für die
Fichte und die Rotbuche. Die
meisten Symptome gelten auch
für die übrigen betroffenen
Nadel- bzw. Laubholzarten.
Charakteristisch für das Fichten-
sterben ist eine sichtlich verrin-
gerte Anzahl älterer Nadeljahr-
gänge, da deren Nadeln vorzeitig
abgeworfen werden. Fichten-
zweige sind dann nur noch in
ihren vorderen Abschnitten, dem
Bereich des vorjährigen Zuwach-
ses, benadelt, und selbst hier kann
die Benadelung abschnittweise
sehr lückig und unregelmäßig
ausfallen. Im Vergleich zu gesunden Fichten sind die Nadelblätter
erkrankter Bäume auffallend
kurz.
Wenn die Triebe weniger Nadeln
führen, verlichten sich die Kronen. Bei fortgeschrittener Schädigung sind die Kronen der Bäume
schon so schütter, daß man überall die Stämme durch das Geäst
sehen kann. Gleichzeitig erhöht
sich auch der Totast-Anteil im gesamten Kronenbereich.
Bei stark geschädigten Bäumen
ist das gesamte Wachstum ge-
stört. Jahrestriebe fallen komplett
aus, während ursprüngliche Sei-
tentriebe das weitere Längen-
wachstum übernehmen. Diese
Wuchsanomalien führen dazu,

daß die Hauptäste oder Kronen einen zerzausten, unregelmäßigen Astaufbau zeigen. Um die entstandenen Verluste auszugleichen, legen die Bäume vor allem auf den Oberseiten der Äste an den Grenzen der jeweiligen Jahrestriebe sogenannte Angsttriebe an. Der vollbenadelte Zweig einer gesunden Fichte erscheint immer kräftig dunkelgrün. Bei kranken Bäumen beobachtet man dagegen im Laufe der Zeit gelbliche oder fahlgrüne Verfärbungen.

Bei Buchen sind die krankhaften Veränderungen am besten zur Zeit der sommerlichen Belaubung erkennbar. Auch hier sind Vergilbungen oder andere Blattveränderungen festzustellen. Bei kranken Buchen bleiben die Blätter im allgemeinen deutlich kleiner als bei gesunden Exemplaren. Schon mitten im Sommer verlieren die geschädigten Laubbäume ihre Blätter. Der vorzeitige Laubfall steigert sich über den Sommer hinweg und findet seinen Abschluß im September, ohne daß die typische Herbstfärbung eingetreten wäre. An jungen Trieben erkrankter Buchen (besonders im Wipfelbereich) rollen sich die Blätter vom Rande her zusammen – ein Krankheitssymptom, das man oft nur mit dem Fernglas beobachten kann. Mitunter werden in den Buchenkronen nur noch Kurztriebe angelegt.

Es liegt was in der Luft

Worauf gehen die genannten Schädigungen zurück? Schon seit

Wenn die Kronenverlichtung bei der Fichte so weit fortgeschritten ist, gibt es für den Baum keine Rettung mehr.

Lamettasyndrom bei der Fichte (*Picea abies*) – fortgeschrittene Schädigung des Organismus Baum (unten).

Abgestorbener Fichtenwald im Erz-
gebirge: Schicksal auch unserer Wälder?

langem sind bestimmte Säurean-
hydride, darunter Schwefeldioxid
und Stickstoffoxide, als primäre
Schadgase bekannt. Aus Häusern
(Heizung), Kraftfahrzeugen und
anderen Verbrennungsanlagen
gelangen diese Stoffe in die
Atmosphäre, werden dort aber
meist nicht allzu weit transpor-
tiert. Solange sie nicht in großer
Konzentration auftreten, können
sie von den Pflanzen erstaunlich
gut verkraftet werden. In wenigen
Reaktionsschritten bauen die
grünen Pflanzengewebe die anor-
ganischen Schadgase in organische Moleküle ein und entsorgen
dadurch die Luft.
Durch den Flugverkehr oder sehr
hohe Schornsteine werden

Schadgase jedoch in beträchtli-
cher Menge sehr hoch in die Atmosphäre verfrachtet. Sie unterliegen dort mit langer Einwir-
kungszeit der energiereichen Hö-
henstrahlung und werden somit
zu aggressiven Verbindungen, die
nicht mehr auf einfachem Wege
zu entgiften sind.

Tips für die Praxis

✳ Ein Waldstück bzw. bestimmte
Bäume über mehrere Jahre beob-
achten und fotografieren (Tage-
buch)
✳ Sich mit dem zuständigen
Forstamt in Verbindung setzen,
Informationen einholen
✳ Kronen gefällter Fichten genau
untersuchen; was fällt auf?
✳ Dokumentationen und Lehr-
pfade zum Thema Waldsterben
studieren

Leben in der Laubstreu

Zwischen einer Schaufel Sand und einem fruchtbaren Boden besteht ein gewaltiger Unterschied: Produktiver Boden enthält eben nicht nur das Verwitterungsmaterial des anstehenden Gesteins, sondern auch eine Menge toter, organischer Stoffe. Der Boden nimmt alles auf, was angeliefert wird – die Reste toter Lebewesen oder ihrer Teile, dazu auch deren Stoffwechsel- und Ausscheidungsprodukte. Der Vorrat des Bodens an organischer Substanz ist der Humus. Je mehr Humusstoffe ein Boden enthält, um so dunkler ist er. Manche Waldböden sind nahezu schwarz.

Am Laubwaldboden sammelt sich in jedem Herbst aufs neue eine mächtige Schicht aus Fallaub an. Eigentlich müßten sich – zumal in sehr alten Wäldern – auf dem Boden gewaltige Materialmengen auftürmen. Tatsache ist aber, daß sich dort immer nur eine überschaubare Laubmenge befindet. Die tote organische Substanz bleibt offenbar nicht unverändert auf dem Waldboden liegen. Vielmehr macht sich schon bald nach dem herbstlichen Laubfall ein Heer von Bodenarbeitern darüber her und baut die tote Biomasse langsam ab. Ständig ist am Boden und unter der Laubstreu eine riesige Anzahl von Untergrundagenten am Werk. Regenwürmer, Schnecken, Saftkugler, Asseln, Springschwänze und viele andere Kleintiere leben am oder im Boden und von den immer wieder anfallenden Abfallstoffen. Hinzu kommt eine beträchtliche Anzahl von Tieren, die sich räuberisch ernähren und folglich Jagd auf die Bodenarbeiter machen. So finden sich eben auch Spinnen, Weberknechte, Laufkäfer oder Hundertfüßer ein, die indirekt von der Abfallbeseitigung leben.

Die mit bloßem Auge noch gut oder vielleicht nur gerade noch erkennbaren Laubstreu- und Bodenorganismen sind nur ein Teil der Waldbodenbiologie. Hinzu kommt nämlich das geradezu unglaubliche Gedränge an Mikroorganismen, die im Boden ebenfalls vom Abbau organischer Totstoffe leben. Unter jeder Handbreit Waldboden leben beispielsweise mehr Bakterien, als es jemals Menschen auf der Erde geben wird – etwa eine Billion (oder ca. 1000 Milliarden). Außerdem wären da noch ein paar Milliarden Strahlenpilze, etwa 1 Milliarde Pilze und 1 Million Bodenalgen neben 500 Milliarden Flagellaten, 100 Milliarden Amöben und etlichen Millionen Wimpertieren zu berücksichtigen. Jede Handvoll Waldboden unter einer mehr oder weniger dichten Laubstreudecke ist ein berstender Miniaturzoo. Unter einem Hektar Waldboden leben bis zu vier Tonnen Bodenorganismen. Sie setzen einmal im Jahr bis zum Dreifachen ihres Eigengewichtes an Bodensubstanz um.

Alles der Reihe nach

Bei ihrer Arbeit gehen die Bodenorganismen zunächst einmal an die mechanische Zerkleinerung der pflanzlichen oder tierischen Reste. Andere Zersetzer sorgen für eine weitere Zerlegung des Bestandsabfalls mit chemischen Mitteln. Bodenbakterien und Pilze sind wahre Künstler dieser Branche. Wertvolle mineralische Bestandteile, die zunächst noch im organischen Abfall gebunden sind, werden durch den Abbau wieder freigesetzt und sind damit

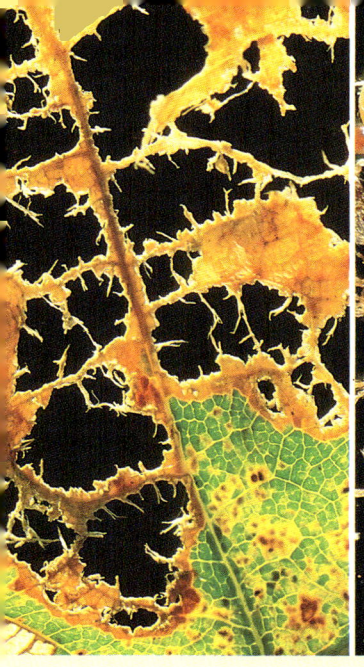

Bodenorganismen haben das Blatt schon teilweise skelettiert (links).

Bodenmilben aus einer fingerhutgroßen Waldbodenprobe (rechts).

für neuen Pflanzenwuchs verfügbar. Durch die ständige Tätigkeit der größeren, kleineren und winzigen Bodenorganismen findet im und am Waldboden ein perfektes Recycling statt: Durch Zersetzung und Verwertung von Totstoffen bleiben die Stoffkreisläufe in Gang. Andererseits entstehen bei Abbau auch bestimmte Substanzen, die nun ihrerseits Mineralsalze oder Spurenelemente aus dem Gestein herauslösen. Der Waldboden ist daher wie jeder andere Boden eine recht komplizierte Fabrik, in der mechanische und chemische Abbauwege sich gegenseitig zuarbeiten. Durch Vernetzungen und Wechselbeziehungen sind die mineralischen Ausgangsstoffe, die toten organischen Bestandteile und die davon lebenden Bodenorganismen immer miteinander verbunden.
So ergänzt der Waldboden unter der ständigen Mitwirkung von Humus und Bodenorganismen seine Nährstoffvorräte immer wieder. Gleichzeitig sorgt das vielgestaltige Bodenleben auch für eine günstige Bodenstruktur.

Tips für die Praxis

✳ Laubstreu auf weißem Papier ausbreiten, Arten und Individuen zählen
✳ Kleintiere mit der Lupe betrachten
✳ verschiedene Streu (Nadel- und Laubwald) miteinander vergleichen
✳ mazerierte Blätter sammeln

Leben in der Laubstreu. 1 Steinläufer, **2** Schmetterlings-Porling, **3** Nacktschnecke, **4** Erdsamtmilbe, **5** Waldregenwurm, **6** Assel, **7** Wolfsspinne, **8** Becherflechte, **9** Bandfüßer, **10** Klebriger Hörnling, **11** Weberknecht.

Von Buchdruckern, Kupferstechern und Waldgärtnern

In fast jedem Wald finden sich abgestorbene und vielleicht noch stehende Bäume. Oft kann man ihre gelockerte Rinde wie einen Buchdeckel zur Seite klappen und erkennt dann auf dem Holz merkwürdige, eingegrabene Muster. Offenbar haben Schädlinge dem Baum arg zugesetzt und ihn schließlich völlig zugrunde gerichtet.

Borkenkäfer waren am Werk und haben ihre charakteristischen Fraßgänge in den äußeren Holzschichten hinterlassen. An der Fichte, gelegentlich auch an Lärche oder Kiefer, sieht man besonders häufig die Gangsysteme des Buchdruckers oder Großen Fichtenborkenkäfers (*Ips typographus*), einem der verbreitetsten und gefährlichsten Borkenkäfer. Die braunschwarzen Käfer werden um fünf Millimeter lang. Der Kopf ist fast ganz unter dem großen Brustschild verborgen. Am Hinterende sind die Flügeldecken deutlich eingedrückt. Sie werden praktischerweise als Schaufeln benutzt, um Nageabfall beziehungsweise Bohrmehl aus den Gängen wegzuräumen.

Das Werk von Generationen

Die Arbeit der Borkenkäfer beginnt mit dem Einnagen in die Baumrinde. In der Rinde nagt das Käfermännchen einen Paarungsraum, die Rammelkammer, frei. Von dort treiben seine zwei bis drei Weibchen jeweils einen großen Stollen, den Muttergang, vor und legen darin in Abständen bis etwa einhundert Eier ab. Durch besondere Luftlöcher werden diese Gänge ständig ventiliert. Von den Eiablagestellen aus übernehmen die schlüpfenden Käferlarven die Bohrarbeit. Ihre anfangs kleineren, aber zunehmend größer werdenden Larvengänge zweigen rechtwinklig vom Muttergang ab und enden blind in einer kammerartigen Erweiterung, der Puppenwiege. Hier verpuppt sich die Larve und durchläuft ihre abschließende Entwicklung zum Käfer. Die geschlüpften Käfer befreien sich aus der Puppenwiege, indem sie einen Fluchttunnel durch die Rinde nagen. Bei anhaltend günstiger Witterung benötigt der Buchdrucker für seine gesamte Entwicklung vom Ei zum Käfer nur wenig mehr als sechs Wochen. In einem Sommer können somit bis zu drei Generationen aufeinanderfolgen. Die Tiere der letzten Generation überwintern vor Ort oder in der Bodenstreu. Im Mai des nachfolgenden Jahres ist Hochzeit, und die Bohrsaison beginnt von neuem.

Viel zu früher Zapfenstreich

Als Rindenbrüter leben die Borkenkäfer ausgerechnet im empfindlichsten Teil des Baumes. Bei Einzelbefall kann sich eine Fichte oder Kiefer durchaus noch erfolgreich wehren: Mit verstärktem Harzfluß versiegelt sie die Eindringlinge einschließlich ihrer Nachkommenschaft.

Vorgeschädigte Bäume, die von ganzen Käferarmee heimgesucht werden, haben dagegen kaum eine Chance. Die Käfer zerstören mit ihrem Nagewerk nicht nur die dünne Wachstumsschicht des Baumstammes (Kambium), sondern unterbrechen auch die im Bastteil der Rinde verlaufenden Leitbahnen, die die Stoffströme des Baumes lenken und regulieren. Für die unterhalb einer Bohrstelle gelegenen Teile ist daher ziemlich bald Zapfenstreich, denn durch eine unterbrochene Leitung läuft einfach nichts mehr. Außerdem attackieren die Käfer und ihre bohrenden Larven auch noch die äußeren Schichten des Holzkörpers und damit genau denjenigen Bereich, in dem die funktionstüchtigen Wasserleitungen des Baumes liegen. Auch hier versiegen also bei massivem Befall sehr bald die lebenserhaltenden Ströme. Der Baum stirbt ab, und die ohnehin schon gelockerte Rinde löst sich portionsweise ab. Der Buchdrucker ist nur eine von insgesamt über zweihundert Borkenkäferarten in Europa. An Nadel- und Laubhölzern ist daher mit seiner artenreichen Verwandtschaft zu rechnen. Fichten können beispielsweise vom Kupferstecher befallen werden, einem kleineren Rindenbrüter, dessen Muttergänge von der Rammelkammer sternförmig ausstrahlen. An Kiefern machen sich der Kleine und der Große Waldgärtner zu schaffen oder an der Tanne der Krummzähnige Tannenborkenkäfer. Nicht alle Arten treten in großen Mengen auf, weshalb ihre Gefährlichkeit auch unterschiedlich bewertet wird.

Wie Käfer in die Falle gehen

Ein wichtiges Verständigungsmittel, durch das die richtigen Paarungspartner zusammengeführt werden, sind artspezifische Lockstoffe oder Pheromone. Sie werden vom Weibchen produziert

Lockstoff-Falle auf einer Hiebfläche – Vorsorge gegen Borkenkäfer (oben).

Buchdrucker (*Ips typographus*) haben den Baumstamm arg zugerichtet.

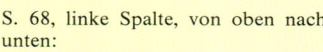

S. 68, linke Spalte, von oben nach unten:
Kupferstecher (*Pityogenes chalcographus*) sind Rindenbrüter an Fichten.

Der Große Waldgärtner (*Blastophagus piniperda*) befällt nur Kiefern.

Der Zwölfzähnige Kiefernborkenkäfer (*Ips sexdentatus*) kann an Kiefernbeständen beachtliche Schäden anrichten.

Larven des Buchdruckers (*Ips typographus*) vor Ort.

Typisches Fraßbild des Buchdruckers (*Ips typographus*) vor Ort (oben rechts).

Typisches Fraßbild des Kupferstechers (*Pityogenes chalcographus*, S. 69, links).

Klar erkennbar: Fraßbild des Großen Waldgärtners (*Blastophagus piniperda*, S. 69, rechts).

und ausgesandt, während die Männchen auf dieses einem Parfüm vergleichbare chemische Signal stark ansprechen und selbst aus größerer Entfernung zur Lockstoffquelle eilen. In einem so unübersichtlichen Lebensraum wie einem Laubmischwald hätten Kleintiere wie Käfer ohne den Sendebetrieb mit artspezifischen Parfüms praktisch keine Chance, einen Paarungspartner zu finden. Den gleichen chemischen Trick kann man sehr gut zur biologischen Schädlingsbekämpfung einsetzen. Wenn der molekulare Aufbau eines Lockstoffs bekannt ist, kann er eventuell auch synthetisch hergestellt werden. Für den Buchdrucker und den Gestreiften Nutzholzborkenkäfer, die beide als gefährliche Baum- beziehungsweise Holzschädlinge gelten, stehen künstliche Pheromone zur Verfügung. Sie werden in besonderen Flugfallen eingesetzt, die aus einer Prallfläche mit Fangschlitzen und einem Sammelbehälter bestehen. Solche Borkenkäferfallen werden seit einiger Zeit sehr erfolgreich an Altholzrändern, auf vorjährigen Abtriebsflächen oder in Bestandslücken aufgestellt. Die Fallen werden von den Forstleuten in der Hauptflugzeit wöchentlich kontrolliert, um ein Bild von der Befallsituation zu gewinnen.

Tips für die Praxis

∗ Fraßbilder sammeln (Rinde fotografieren)
∗ Inhalt einer Lockstoff-Falle in bestimmten Zeitabständen prüfen (die Falle jedoch nicht öffnen!)
∗ Beim Forstamt Informationen über die lokalen Verhältnisse einholen

Herbst

Bunt sind schon die Wälder

Mit einem großartigen Farbenzauber verabschieden sich die laubwerfenden Gehölze in den Herbstwochen zur Winterruhe. Trotz des eindrucksvollen optischen Spektakels ist die Umfärbung der Sommerblätter von der Ausfärbung der Blüten und Früchte grundverschieden. Um es gleich zu sagen: Ein besonderer ökologischer Sinn ist dabei kaum auszumachen. Das Finale der Saison mit all seinen farblichen Registern wirkt zwar wie der Schlußakkord einer tollen Inszenierung, ist tatsächlich aber eher ein Randeffekt. Mit der Laubfärbung zeigen sich uns die Begleitumstände eines Vorgangs, dem letztlich alle Lebewesen unterliegen: Es geht um Alterung und allmählichen Tod. Nicht umsonst ist die Laubfärbung ja eine Episode vor dem Laubfall, der sich unmittelbar anschließt.

Wegwerfartikel

Bei den Laubbäumen der gemäßigten Klimazonen gleicht der Laubwechsel einer Wachablösung. Die gesamte Blattbesatzung wird auf einen Schlag abgezogen. Dies ist die Antwort der Bäume auf unser Klima. Mit schöner Regelmäßigkeit stellt sich bei uns im Herbst eine kleine Eiszeit ein. Um winterlicher Kälte besser zu widerstehen, muß die Wasserversorgung über Äste und Zweige weitgehend gedrosselt und schließlich völlig eingestellt werden.

Rettung in letzter Minute

Nun hat ein Strauch oder Baum in Anlage und Entwicklung seiner sommerlichen Belaubung eine Menge Energie investiert. Sie würde mit dem Abfallen der Blätter im Herbst unweigerlich verlorengehen. Doch bevor das Blatt von einem kräftigen Windstoß abgelöst wird und zu Boden geht, sind ihm noch rechtzeitig alle verwertbaren Bestandteile entzogen worden. Was am Ende vom Baum segelt, ist praktisch nur noch die Verpackung. Die wiederverwendbaren Stoffe haben die Gehölze in ihre Speichergewebe eingelagert.

Wer mahnt zum Aufbruch?

Das Abschalten des Stoffwechsels im Blatt und die Vorbereitungen zum Abwurf sind Leistungen, die natürlich von heute auf morgen zu erbringen sind. Sie müssen fest im Lebensrhythmus der Gehölze verankert sein. Aber wie merken Buche oder Eiche, wann es an der Zeit ist, die Blätter schrittweise abzuschalten und daraus (bis auf ein wenig Farbe) zu retten, was noch verwertbar ist? Die kühlere Herbstwitterung kann kein Auslösesignal sein. Dafür ist die Temperatur nämlich viel zu unzuverlässig. Mal reicht der Altweibersommer noch fast in den November hinein. Ein anderes Mal kommt es schon Anfang Oktober zu Kälteeinbrüchen. Gegen diese Launenhaftigkeit benötigen die laubwerfenden Gehölze ein viel regelmäßigeres Orientierungsmittel. Sie verlassen sich auf die abnehmende Tageslänge, einen Umweltfaktor, der sich in jedem Herbst in genau abzusehender Weise meldet. Pflanzen besitzen einen hervorragend funktionierenden Belichtungsmesser, der genau zwischen Langtagbedingungen und Kurztagverhältnissen unterscheiden kann. Mit dem Übergang vom

Zwischen pastell und plakativ: Herbstfarbenpalette.

sommerlichen Langtag in den herbstlichen Kurztag wird daher die letzte Runde im Leben der Blätter eingeläutet – ein automatisch gesteuerter Vorgang, dem sich kein Baum entziehen kann. Bleiben die Bäume dagegen unter Langtagbedingungen, so wird wohl nichts aus dem vorprogrammierten Laubfall. Wo etwa helle Straßenlaternen in Baumkronen scheinen, täuschen sie den Blättern eine Jahreszeit vor, die sie eigentlich schon längst hinter sich haben. Linden, Platanen, Roßkastanien und andere Straßenbäume bleiben im Wirkbereich des Lampenscheins in ihrem Umfärbeprogramm sichtlich zurück. Licht ist eben lebenserhaltend oder zumindest lebensverlängernd.

Eine bunte Palette

Wie kommt das herbstliche Farbspektakel mit seinen vielen Nuancen und Abstufungen zustande? Alle Laubblätter und auch die im Herbst umfärbenden Nadelblätter der Lärchen enthalten außer dem Blattgrün (Chlorophyll) auch noch eine Reihe anderer Farbstoffe. Bei Blutbuche oder Bluthasel sind es wasserlösliche Rottöne. Außerdem kommen in allen Blattorganen auch noch respektable Mengen an Carotinoiden vor – Farbstoffe, wie sie etwa auch in Mohrrüben enthalten sind. Wenn die grünen Farbvorräte abgebaut werden, bleiben die roten und gelben Restfarben zurück und bestimmen nun den Gesamteindruck. Je nach Mengenverhältnissen, Blattdicke und Standort ergeben sich nun die unterschiedlichsten Farbstellungen

73

von zartem Hellgelb bis hin zu flammendem Karminrot. In geringem Umfang werden von den Herbstblättern auch noch wasserlösliche Rotpigmente synthetisiert, besonders an Standorten mit tieferen herbstlichen Nachttemperaturen. Aus diesem Grunde fällt die Laubfärbung im Herbstwald des Berglandes oder der Alpen besonders bunt und dramatisch aus. Der Berg-Ahorn zeigt es ganz deutlich: An Tieflandstandorten schafft er nur pastellfarbene Gelbtöne, in Bergregionen dagegen farbgesättigte Töne in allen denkbaren Varianten von Rot.

Felderweise erfolgt die Umfärbung im Blatt der Vogel-Kirsche (*Prunus avium*, oben).

Bei der Trauben-Eiche (*Quercus petraea*) geht die Verfärbung mal von der Blattnervatur, mal von der Blattperipherie aus (oben).

Fahlfarbiger Berg-Ahorn (*Acer pseudoplatanus*). Im Bergland legt diese Baumart mächtig Farbe zu (unten links).

Der Spitz-Ahorn (*Acer platanoides*) gibt einen Eindruck von der Farbkraft des Herbstlaubes (unten rechts).

Tips für die Praxis

∗ Ein Herbar aus Herbstblättern anlegen
∗ Ein Tagebuch über Verfär-

bungszeitpunkt und -dauer anlegen, über mehrere Jahre verfolgen, Einflüsse des Wetters prüfen

Störfall Grüne Insel

In jedem Laubwald oder Park kann man vor allem an Birken- und Buchenblättern interessante Störfälle der herbstlichen Blattfärbung beobachten. Pilzbefall oder im Blattgewebe minierende Insektenlarven blockieren die feinen Leitgewebe in den Blättern und verwehren beispielsweise den Pflanzenhormonen den Zutritt zu bestimmten Blattregionen. Ganze Blattinseln bleiben dann vom stofflichen Geschehen in den übrigen Teilen abgeschnitten. Im sonst schon ziemlich gelb oder braunrot verfärbten Herbstblatt finden sich dann immer noch ein paar kräftig sommergrün gefärbte Inseln. Sie zeigen, daß an der Feinregulierung und Koordination der vielen stofflichen Prozes-se, die im Herbstblatt ablaufen, eine Menge Einzelfaktoren beteiligt sind. Die grünen Inseln registrieren den Herbsteinzug nicht einmal dann, wenn das betreffende Blatt schon längst am Boden liegt. Die Sache hat einen enorm praktischen Hintergrund: Die grünen Inseln bieten den Blattminierern nämlich noch eine ganze Weile grünes Frischfutter. Meist sind es Raupen der Zwergmotten (Gattung *Nepticula)*, unserer kleinsten einheimischen Schmetterlinge, die sich über das restliche Grünzeug hermachen. Mit wachsender Größe der Raupe nimmt auch der Durchmesser der Blattmine zu, wie die Betrachtung mit einer Lupe im Gegenlicht verrät. Die ausgeräumten, leergefressenen

Blätter der Rot-Buche (*Fagus sylvatica*) mit grünen Inseln (links).

Anfangs ist der Fraßgang noch schmal und eng. Die Raupe paßt ihn ihrem Wachstum an (rechts oben).

Raupe einer Zwergmotte (*Neptícula*) im Blatt der Rot-Buche (*Fagus sylvatica*, rechts unten).

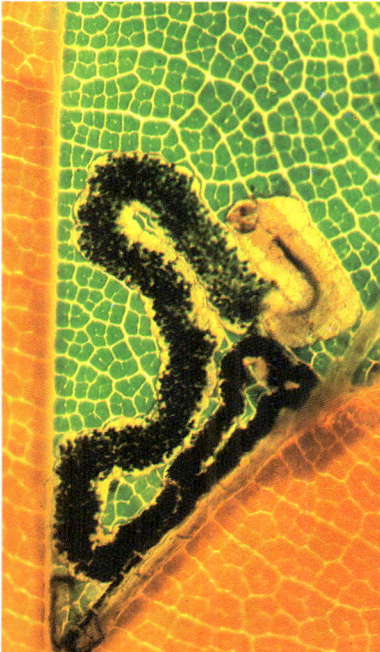

Gänge werden mit winzigen, aber zahlreichen Kotbällchen angefüllt. Die ausgewachsene Raupe, ein Winzling von nur wenigen Millimetern Länge, verläßt schließlich ihre grüne Speisekammer und verpuppt sich im Waldboden. Wenn sie schon vorher mit ihrer grünen Blattinsel sachte zu Boden gesegelt ist, hat sie überdies einen weiten Weg ast- und stammabwärts gespart. Der Laubfall in den Herbstwochen kommt ihr daher sicherlich sehr gelegen. Die Falter, deren Spannweite bei nur fünf Millimetern liegt, schlüpfen erst im nachfolgenden Sommer. Sie legen ihre Eier direkt in das grüne Blattgewebe, so daß die kleine Raupe sich vor Ort unmittelbar ans Werk machen kann, um das saftige Grünfutter zwischen den Blatthäuten zu durchtunneln.

Zu den Zwergmotten gehört auch die Ahornminiermotte (*Stigmella sericopeza*), die jedes Jahr drei Raupengenerationen hervorbringt. Wie die Raupen der ersten Generation leben, ist noch unbekannt. Die Räupchen der zweiten und dritten Ausgabe minieren jedoch ausschließlich an den Fruchtflügeln des Spitz-Ahorns – und zwar immer in Richtung des Samens, weil es hier das beste Futter gibt. Die Frucht stirbt dabei vorzeitig ab und segelt zu Boden. Das erspart den Abgang zu Fuß, da die Raupe sich in Bodennähe verpuppt.

Die Post im Walde

Zweimal im Jahr werden im Wald Massenwurfsendungen auf den Weg gebracht: Im Frühjahr oder Frühsommer sind es die Blütenpollen, im Herbst dagegen die Samen und Früchte. Mit ihren Samen oder Früchten halten es die Gehölze wie mit den Pollen. Entweder setzen sie den Wind als Transportmittel ein, oder sie engagieren Tiere für ihren Versandbetrieb.

Je nachdem, welcher Weg genommen werden soll, sind verständlicherweise sehr unterschiedliche Anpassungen oder Konstruktionen erforderlich. Für die Windverbreitung müssen die Samen und Früchte buchstäblich in die Luft gehen können, zumindest also schwebe- oder sogar flugfähig sein. Die entsprechenden pflanzlichen Erfindungen reichen hier tatsächlich vom fliegenden Teppich über Segelflieger, Deltagleiter oder Propeller bis hin zur Wurfscheibe.

Pflanzliche Luftpost

Eine zweifellos gelungene technische Lösung sind unter anderem die Flügelfrüchte unserer Ahorn-Arten: Sie arbeiten nach dem Prinzip des Schraubenfliegers. Vergleichbare Vorrichtungen finden sich auch bei der Esche. Nachdem sich die Einzelfrüchte aus dem Fruchtstand gelöst haben, stürzen sie sich im Sinkflug zunächst einmal in die Tiefe, beginnen aber schon nach etwa 30 Zentimetern mit Drehbewegungen und sinken dann mit etwa 16 Umdrehungen in der Sekunde verlangsamt weiter. Das Rotorblatt an der Frucht hat also die Aufgabe, den freien Fall sichtlich zu verzögern, und darauf kommt es schließlich an. Für eine räumlich wirksame Verbreitung reicht ein Landemanöver direkt unter der Baumkrone nicht aus. Die Flügelfrucht muß seitlich vom Baum weggeführt werden, um möglichst eine freie und besiedlungsfähige Stelle zu treffen.

Praktischerweise lösen sich die Schraubsegler erst dann vom Baum, wenn es gleichzeitig ziemlich windig ist. Eine frische Brise oder ein kräftiger Windstoß sind sicherlich sehr hilfreich, um ein paar hundert Meter Abstand vom Stammbaum zu gewinnen. Das gleiche Verfahren haben sich auch die Segelsamen unserer Nadelhölzer zunutze gemacht. Wenn man einmal die Propellerprofile der Samen von Esche und Fichte miteinander vergleicht, wird man ganz erstaunliche Übereinstimmungen bemerken.

Winzige Wurfscheiben

Verglichen mit den Flügeln der Ahorn- oder Eschen-Früchte sind die schmal umsäumten Nüßchenfrüchte von Ulmen oder gar Birken richtige Leichtgewichte. Ihre Reichweite ist daher auch etwas größer. So verwundert es auf der anderen Seite auch nicht, daß Birken überall auf Waldlichtungen, in Schlagfluren oder aufgelassenem Brachland als Gehölzpioniere auftreten und dort solange die Szene beherrschen, bis andere Gehölzarten mit weniger raumwirksamen Verbreitungsmitteln das besiedlungsfähige Terrain ebenfalls entdecken.

Vom Winde verweht

Ungemein verbreitungsfreudig sind die einheimischen Pappel- und Weiden-Arten. Schon im Frühsommer drängen sich aus ih-

Bucheckern sind Plumpsfrüchte und als solche auf tierische Verbreitungshilfe angewiesen.

ren zahlreichen Kapselfrüchten Unmengen extrem leichtgewichtiger und kleiner Samen, die allesamt mit haarfeinen Flugapparaten ausgerüstet sind. Gewöhnlich bleiben sie noch eine Weile im Verbund zusammen und driften mit den Winden in flockigen Massen umher. Die Reichweite ist beachtlich: Mehrere Kilometer dürften die Fliegenden Teppiche wohl auf jeden Fall überbrücken. Außer Birken findet man daher immer auch Sal-Weiden und Zitter-Pappeln unter den Pioniergehölzen neubesiedelter Standorte. Die meisten dieser Samen sind sogar schwimmfähig. So können sie von Fließgewässern oder als Surfer auf Stillgewässern zu be-

siedlungsfähigen Uferpartien verdriftet werden, wo sie neben den Erlen die charakteristischen Ufergehölze aufbauen.

Ein Fall für zwei

Die Schwergewichtler unter den Samen und Früchten unserer Waldbäume, beispielsweise Kastanien, Eicheln, Bucheckern oder auch Haselnüsse, haben es mit der Verbreitung auf dem Luftweg naturgemäß nicht einfach. Sie gehören nämlich zur Gruppe der Plumpsfrüchte, die wohl in jedem Fall auf tierische Mithilfe angewiesen sind. Vögel und eine ganze Reihe Säugetiere machen sich über diese energiereiche Ernte her. Eichelhäher entwickeln dabei einen besonderen Sammeleifer. In jedem Herbst legen sie bis zu eintausend Verstecke mit mehreren Früchten an.

Der wachsige Belag auf den Steinfrüchten der Schlehe (*Prunus spinosa*) ist ein besonderes Signal an fruchtsammelnde Vögel.

Etliche dieser Depots werden während des Winters wieder aufgesucht und aufgebraucht. Die verbleibenden Reste oder die unberührten Depots sind jedoch eine richtige biologische Zeitbombe: Bei passender Gelegenheit keimen die betreffenden Samen und Früchte aus und sorgen auf diese Weise für Gehölznachwuchs. Der Sammeltrieb der Tiere, die sich winterliche Futtervorräte anlegen, kommt der Verbreitungsstrategie der Gehölze somit sehr entgegen.

Werbung zahlt sich aus

Einige Baumarten und die Mehrzahl unserer einheimischen Sträucher verfahren mit anderen Mitteln. Ein niedrigwüchsiger Strauch ist ein denkbar ungeeigneter Startplatz für Segelflieger oder andere Luftlandetruppen.

Allenfalls können Plumpsfrüchte auch aus geringer Höhe auf einigen Erfolg rechnen. Wenn man sich nicht wirksam in die Lüfte erheben oder den Tieren geradezu entgegenfallen kann, müssen die tierischen Verbreitungshelfer angelockt werden: Die Früchte mancher Gehölze sind außerordentlich saftig, und der Besuch eines Tieres auf einem Strauch mit Beeren- oder Steinfrüchten ist wie ein Streifzug durch einen üppigen Obstgarten. Um nur ja recht einladend zu wirken, werden die Früchte meist lebhaft ausgefärbt. Der Umgang mit Farbe ist dabei sicher kein Zufall, sondern ein geradezu plakativ wirkendes Werbesignal an die Adresse möglicher Konsumenten. Eigenartigerweise prangen die Früchte mit knalligen Rottönen am Geäst und daher in so gänzlich andersartigen Farben als die Blüten. Auch diese Tatsache hat ihren besonderen Hintergrund: Die blütenbesuchenden Insekten sind für rote Farbwerte nur wenig empfänglich. Vogelaugen sehen dagegen im Rotbereich besonders gut und werden daher von den Fruchtfarben magisch angezogen. Reife Früchte bleiben daher am Geäst nicht allzu lange unentdeckt. Zum Herbst hin wird die Zahl der Fruchtkonsumenten jedoch geringer, weil viele Vogelarten wegziehen. Ein Teil der Ernte bleibt zurück, verdirbt aber nicht, denn die winterlichen Kühlschranktemperaturen wirken eher konservierend. So finden auch die Teilzieher oder Standvögel während der ungünstigen Jahreszeit immer noch ein paar verwertbare Vorräte.

Doppeltaktik: Die Früchte der Waldrebe (*Clematis vitalba*) können recht
gut segeln, verhaken sich aber auch in
Fell und Gefieder.

Rote Früchte müssen wohl verständlicherweise als werbewirk-
sam verpackte Leckerbissen verstanden werden. Aber warum
wirken auch die blauschwarzen
Beeren- oder Steinfrüchte so ver-
führerisch? Ihre Farbstellung, die
uns eher wie ein Tarnanstrich vorkommen muß, ist dennoch von
Effekt: Ihre wachsige Bereifung
reflektiert die kurzwelligen Bestandteile des Tageslichts besonders gut, und darauf sind wiederum gerade die Vogelaugen hervorragend abgestimmt. So finden
eben auch die Früchte von Liguster, Kreuzdorn, Faulbaum,
Schlehe oder Efeu erfahrungsgemäß reißenden Absatz.

Verbreitung geht durch
den Magen

Was die Gehölze mit verführeri-
schen Mitteln den Vögeln oder
auch manchen Kleinsäugern
förmlich zum Fraß vorsetzen, ist
nur die Verpackung der eigentlichen Verbreitungseinheiten, der
hartschaligen Samen. Nur wenige
Vogelarten können das steinharte
Innenleben der Früchte als Nahrung nutzen. In den meisten Fällen sind die Steinkerne unverdau-
lich. Die Samen behalten trotz
Darmpassage durch das Tier ihre
Keimfähigkeit.

Tips für die Praxis

* Früchtesammlung anlegen
* Früchte aufschneiden, mit der
Lupe betrachten (Keimblätter!)
* Samen verschiedener Baum-
arten zu Hause einpflanzen

Pilze – Partner – Parasiten

Man kann sie betrachten, wie man will: Pilze sind wirklich seltsame Lebewesen. Immer, wenn man sie mit anderen Organismen vergleicht, fallen sie irgendwie aus dem Rahmen. Die Probleme beginnen ja schon mit ihrer Einordnung: Soll man sie zum Pflanzenreich zählen, oder gehören die Pilze in eine andere Schublade? Viele Fachbücher der Botanik machen sich die Sache immer noch sehr einfach und vereinnahmen die Pilze kurzerhand für das Pflanzenreich – als Sonderlinge zwar, aber immerhin gleichberechtigt neben Algen, Moosen, Farnen und Samenpflanzen. Man kann an den Pilzen sicherlich eine Menge interessanter Merkmale feststellen, aber nirgendwo findet sich auch nur eine entfernte gestaltliche Ähnlichkeit zu einem Moos oder einer Farnpflanze, von den übrigen Pflanzen einmal ganz zu schweigen. Mit der pflanzlichen Verwandtschaft der Pilze ist es also offenbar nicht besonders überzeugend bestellt. Andererseits wurden erstaunlicherweise eine ganze Anzahl biochemischer Merkmale entdeckt, in denen die Pilze mit den Tieren übereinstimmen. Sie reichen jedoch nicht aus, um die Pilze vom Pflanzen- zum Tierreich umzusiedeln. Die moderne Biologie neigt daher sehr dazu, die Pilze als völlig selbständige Gruppe zu betrachten. Es gibt auf der Welt also nicht nur Pflanzen und Tiere, sondern als zusätzliches Reich höherer Lebewesen auch noch die Pilze.

Leben im Verborgenen

Jedermann sind die breitkrempigen, oft auch sehr farbenfrohen Hüte der Pilze ein Begriff. Aber ist es nicht wiederum sehr merkwürdig? Was wir üblicherweise als Pilz bezeichnen, ist bestenfalls eine Vermehrungseinrichtung des betreffenden Lebewesens. So wie eine Birne ja auch nur einen Teil des viel größeren Lebewesens Birnbaum darstellt, zeigen sich die Hüte, Keulen, Becher oder anderen abenteuerlichen Pilzgestalten immer nur dann, wenn Vermehrung angesagt ist. Das eigentliche Lebewesen Pilz bleibt gewöhnlich unsichtbar. Es besteht aus einem sehr weitreichenden, dünnen und feinen Geflecht aus Fäden oder Hyphen, das während der längsten Zeit des Jahres im Verborgenen lebt. Nur die gezielte Nachsuche zeigt manchmal ein paar Fetzen vom Hyphengeflecht beziehungsweise Pilzmyzel. Besonders auffällig ist es beispielsweise beim Hallimasch, dessen strangförmiges, dunkles Myzel an plattgebügelte Schnürsenkel erinnert. Normalerweise kann man ein Pilzmyzel nicht einer bestimmten Pilzart zuordnen. Für die Artbestimmung sind immer die viel merkmalsreicheren Fruchtkörper erforderlich!

Die Pilzfruchtkörper, jene bunten und vielgestaltigen Schirme, Hüte, Trichter oder Kugeln, entstehen immer nur dann, wenn die Fäden wachsender Pilzgeflechte irgendwo aufeinandertreffen und paarweise miteinander verschmelzen. Manchmal findet ein in allen Richtungen wachsendes Myzel erst in einiger Entfernung einen kompetenten Paarungspartner. Das Ergebnis dieser Begegnung kann dann ein Hexenring sein, eine ringförmige Ansammlung vieler Pilzfruchtkörper, die früher die Phantasie und den Aberglauben sehr beflügelt haben.

Hexenring aus Erdsternen (*Geastrum*).

Die Waldmeister

Selbstverständlich wachsen viele Pilze in Wiesen, in Mooren oder Heidegebieten und sogar in den Sanddünen der Küstenregionen. Die weitaus meisten Arten kommen jedoch in unseren Wäldern vor. So muß wohl der Eindruck entstehen, die Wälder seien ganz besonders geeignete Biotope, in denen sich Pilze offensichtlich wohl fühlen und daher auch artenreich einfinden. Bei näherem Hinsehen ist es aber anders: Die meisten Waldbäume können wohl nur deswegen existieren, weil es im Waldboden genügend Pilzgeflechte gibt. Waldbäume und viele Waldpilze gehen nämlich ein besonders inniges Verhältnis miteinander ein. Pilzhyphen umspinnen als dichtes Geflecht die Enden der Feinwurzeln der Bäume und bilden mit ihnen eine festgefügte Lebensgemeinschaft oder Symbiose. In dieser bemerkenswerten Kooperative geben und bekommen beide beteiligten Partner etwas. Die Pilzhyphen werden von den Baumwurzeln mit organischen Stoffen versorgt, die von den grünen Blättern herbeitransportiert werden. Dafür helfen die Wurzelpilze den Bäumen umgekehrt sehr bei der Wasser- und Mineralstoffaufnahme. Das innige Betriebssystem aus Wurzel und Pilz nennt man auch Mykorrhiza. Die Mykorrhiza ist für die Bäume völlig unentbehrlich. Nur mit Hilfe der kleinen Boden- und Wurzelpilze können die großen Gehölze das Problem der Nährstoffaufnahme aus dem Boden meistern. Offenbar

spielte die Entwicklung einer gut funktionierenden Partnerschaft zwischen Pilz und Pflanze schon bei der ersten Besiedlung des Festlandes eine bedeutende Rolle, denn selbst in den Fossilien der ältesten Landpflanzen ist eine Mykorrhiza nachgewiesen.

In vielen Fällen ist die Mykorrhiza-Partnerschaft sehr spezifisch. Nicht alle Pilze lassen sich bereitwillig mit beliebigen Baumarten ein. Daraus erklärt sich die bei Pilzsammlern längst bekannte Tatsache, daß manche Pilzarten eben nur unter bestimmten Bäumen gefunden werden können. Goldröhrlinge kommen nur zusammen mit Lärchen vor.

Angreifer und Zersetzer

Nicht alle Waldpilze sind Partner der Bäume. Eine Menge Pilzarten stürzt sich in wenig friedlicher Absicht auf lebende Gehölze: Diese Pilzarten sind Parasiten, versuchen von der lebenden Substanz ihres Wirtes oder Opfers ohne Gegenleistung möglichst viel für sich selbst abzuzweigen und werden dabei eventuell sogar zu gefürchteten Schädlingen. Andere Pilze haben es ausschließlich auf totes organisches Material abgesehen, beispielsweise auf Totholz oder andere Abfälle. Sie übernehmen im Ökosystem Wald die notwendige Aufgabe, die abgestorbene Biomasse zu zersetzen, wieder in ihre Grundstoffe zu zerlegen und zu remineralisieren.

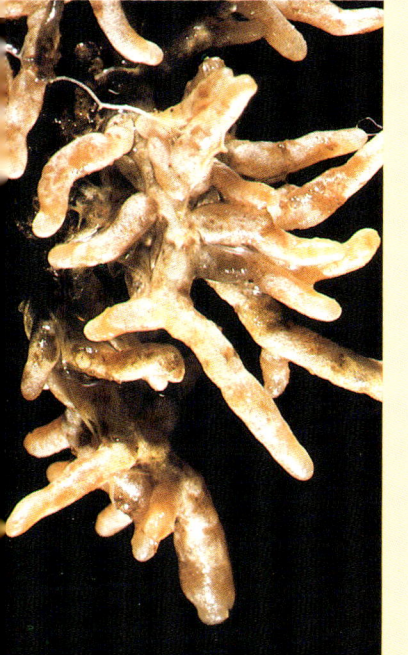

Das Myzel vom Hallimasch (*Armillariella mellea*) bildet mitunter breite, flache Bänder (oben).

Wurzelpilzgespinst (Mykorrhiza) der Rot-Buche (*Fagus sylvatica*). Die Pilze leisten unentbehrliche Hilfe bei der Nährstoffaufnahme (unten).

Pilze sind die wichtigsten Zersetzer von Totholz (links).

Das gerbstoffreiche Kernholz des Baumstubbens wehrt sich vorerst noch gegen das vordringende Pilzmyzel (rechts).

Pilze sind somit sehr wichtige Stellglieder im Stoffrecycling, ohne das kein Ökosystem auf Dauer Bestand haben kann. Allerdings unterscheiden die betreffenden Pilze nicht zwischen Bestandsabfall und wertvollem Nutzholz, das schnittfertig an einem Schlag oder Waldweg gelagert wird. Insofern können auch die ökologisch so wichtigen Zersetzer unter den Waldpilzen beträchtliche Schäden anrichten. Auch bei der Besiedlung von Totholz sind viele Pilzarten durchaus wählerisch.

Manche Arten wird man daher nur auf Laubholz antreffen, andere überwiegend oder ausschließlich auf totem Nadelholz.

Tips für die Praxis

* Pilze einmal genauer ansehen, Längsschnitt machen (z. B. Hutpilz, junger Bovist etc.)
* Ein Sporendiagramm erstellen; dazu einen Pilz über Nacht auf schwarzem oder weißem Papier (je nach Sporenfarbe) sporen lassen
* Entwicklung verschiedener Pilze täglich verfolgen (z. B. vom Hexenei zur Stinkmorchel)
* Feststellen, ob ein Zusammenhang zwischen Pilzart und Wirtsbaum besteht
* Totholzbesiedler mit der Lupe genauer ansehen

Wettrüsten gegen den Winter

Im letzten Septemberdrittel wurde der Zeitpunkt der Tagundnachtgleiche (Herbstanfang) überschritten. Im Oktober sind die Tage bereits merklich kürzer als die Nächte. Über die kritische Tageslänge hat das schwindende Sonnenlicht den Lebewesen schon vor geraumer Zeit signalisiert, daß die ungünstige Jahreszeit bevorsteht. In die Herbstwochen fällt darum allerhand Geschäftigkeit mit den Vorbereitungen auf den kommenden Winter, von dem niemand abschätzen kann, ob er besonders mild oder unbarmherzig klirrend ausfallen wird. Unabhängig vom tatsächlichen Witterungsverlauf richten sich die Tiere auf den Ernstfall ein. Um gegen die Unbilden der jährlichen Eiszeit gewappnet zu sein, treffen sie auf verschiedene Weise Vorsorge.

Die neue Wintergarderobe

Das Hermelin, das keinen Winterschlaf hält und somit auch während der kalten Winterwochen ständig aktiv bleibt, legt jetzt durch raschen Haarwechsel sein weißes Winterkleid an. Ausgenommen vom Haar- und Farbaustausch bleibt lediglich die schwarze Schwanzspitze. Auf weißen Schneeflächen ist der geschickte Jäger und Beutegreifer hervorragend getarnt. Geht der Winter dagegen sehr grün durch das Land, lenken die Tiere in ihrem Schneetarnanzug natürlich alle Aufmerksamkeit auf sich. Dann bleibt eigentlich nur noch die unterirdische Jagd in Wühlmausgängen.

Bei den meisten anderen Waldtieren vollzieht sich der Haarwechsel wesentlich unauffälliger. Das Fell wird zwar dichter, aber es beschränkt sein Erscheinungsbild allenfalls auf ein paar verschobene Farbnuancen.

Viele Tiere verlassen nun ihre Sommerquartiere. Nach dem Laubfall findet man in den Gebüschen am Waldrand hier und da ein verlassenes Kugelnest der Zwergmaus, das sie gegen ein gut gepolstertes Winternest im Boden eingetauscht hat. Am aufgegebenen Sommernest, das wie ein Vogelnest nur aus Halmen gebaut wird, kann man das schräg nach unten weisende Schlupfloch erkennen. Viele andere Kleinsäuger des Waldes, beispielsweise die Gelbhals-, die Brand- und die Waldmaus, haben in ihren unterirdischen Gangsystemen rechtzeitig etwas von der Ernte des Sommers zur Seite gelegt und regelrechte Depots aus Waldgrassaaten, Bucheckern und Eicheln, aber auch mit Knospen oder Bodeninsekten eingerichtet. Sie sind Selbstversorger und brauchen bei Kälte oder Schnee nicht eigens auf Nahrungssuche zu gehen.

Aktion Eichhörnchen

Viele Vögel wie der Eichelhäher oder sein berglandbewohnender Verwandter, der Tannenhäher, waren während der Herbstwochen ebenfalls ziemlich emsig und haben Depots mit Nahrungsvorräten angelegt. Es ist schon erstaunlich, wie gut diese Tiere sich die Lage ihrer eingemieteten Vorräte merken können und darauf bei anhaltenden Schneelagen auch tatsächlich zurückgreifen. Viele Depots werden jedoch nicht wieder komplett ausgeräumt, und die darin verbleibenden Früchte oder Samen sind eine wichtige Starthilfe für künftige Gehölzbestände. Die in den Herbstwochen

Die Rauhhautfledermaus (*Pipistrellus nathusii*) überwintert in Baumhöhlen. Auch im Sommer bezieht sie dort ihr Schlafquartier.

eingetragenen Eicheln beginnen sogar noch vor Wintereinbruch mit der Keimung. Sie versenken eine lange Keimwurzel im Boden und legen dann bis zum nächsten Frühjahr eine längere Entwicklungspause ein.

Im Winter sind die Nächte lang

Für viele Tiere wie Dachs, Igel oder Fledermäuse ist die Zeit vom Herbst bis zum Frühjahr eine einzige lange Nacht, die sie schlafend verbringen. Ihr Winterschlaf unterscheidet sich erheblich von einem gewöhnlichen Schlaf, denn sie stellen dabei ihre Lebensfunktionen weitgehend ein: Der Herzrhythmus verlangsamt sich auf wenige Schläge in der Minute, der Atem steht fast still, und die Körpertemperatur sinkt nahezu auf Umgebungstemperatur herab. In diesem Zustand verbrauchen die winterschlafenden Tiere nur sehr wenig Energie. Daher können sie auf eine ständige Nahrungsaufnahme völlig verzichten und zehren praktisch von den eigenen Reserven, die sie sich seit dem Spätsommer angefuttert haben. Ihr Leben arbeitet während des gesamten Winters sozusagen auf Sparflamme, und weil sie ihre gleichwarme, ziemlich hohe Körpertemperatur auf ziemlich niedrige Werte heruntergefahren haben, kann ihnen auch die ungünstige Witterung nur wenig anhaben. Für diese zeitweise wieder wechselwarmen Tiere ist ein richtig kalter Winter daher sogar ziemlich kräfteschonend. Bedenklicher sind dagegen längere Perioden mit milder Winterwitterung – die vergleichsweise hohen Temperaturen zwingen die ruhenden Tiere dabei zu höherem Stoffverbrauch.

Tips für die Praxis

* Im Frühjahr auf „vergessene" Depots achten
* auf verlassene Nester achten

Tiere rüsten für den Winter. 1
Waldmaus, **2** Schmetterlingsraupe,
3 Schmetterlingspuppe, **4** Enger-
ling, **5** Molch, **6** Erdkröte, **7** Eichhörnchen, **8** Hermelin, **9** Eichelhäher.

Extremisten und andere Sonderlinge

Bizarre Formen, seltsame Gewohnheiten und erstaunliche Anpassungsleistungen – auf solche Schlagworte kann man die Biologie einer Organismengruppe verkürzen, die häufig übersehen wird, fast überall vorhanden ist und uns in vielen Besonderheiten immer noch enorme Rätsel aufgibt: Flechten fallen aus dem Rahmen, wo immer man mit ihrer Kennzeichnung oder Beschreibung auch ansetzen mag. Es gibt wohl keine anderen Organismen, die sich von staubtrockener Erde, sonnendurchglühtem Gestein, windzerzaustem Geäst oder frostigen Zugriffen weniger beeindrucken ließen als gerade die Flechten. Die extremsten Lebensräume sind ihnen offenbar besonders recht. Hier können sie ihre erstaunlichen Pioniertaten am ehesten unter Beweis stellen. Wo andere Mitbewerber um den gleichen Lebensraum längst aus dem Felde geschlagen sind und aufgeben, finden Flechten überhaupt erst ihre eigentliche Domäne. Und seltsam genug: An allen anderen Standorten, wo es nach allgemeiner Einschätzung einigermaßen normal und durchschnittlich zugeht, sind ausgerechnet die Flechten ungewöhnlich konkurrenzschwach. Auf einer Blumenwiese, in der Krautschicht auf dem Waldboden oder auf bestens versorgtem Kulturland wird man sie daher vergebens suchen. Flechten bevorzugen nun einmal Sonderstandorte, wo die Sache für Überlebenskünstler erst so richtig interessant wird. Und so werden wir sie bestimmt auch auf der Rinde der Waldbäume antreffen – eine ziemlich barock anmutende Gesellschaft aus Flachkrusten und Miniatursträuchlein.

Extrembiotop Baumrinde

Schon der einfache Flechtenstandort Baumrinde vereinigt in seinem speziellen Mikroklima viele Züge, die sie die besonders lebensfeindlichen Zonen der Erde eben auch aufweisen: Mal peitschen unablässig Regenschauer gegen Stamm und Äste, oder es rinnen wahre Sturzbäche durch das Geäst. Im unteren Stammbereich häuft sich der Treibschnee an und bleibt gegebenenfalls wochenlang liegen, während das Astwerk der Krone häufiger mit zentimeterdickem Rauhreif ziert. Winterliche Frostperioden machen den Standort Rinde zum unwirtlichen Eiskeller, während die sommerliche Sonne gerade bei freistehenden Bäumen die Oberflächen von Rinde oder Borke unbarmherzig austrocknet. Diesen Wechselfällen der Witterung sind die rindenbewohnenden Flechten völlig schutzlos ausgeliefert. Sie besitzen ja keine wasserdichte, isolierende Verpackung und können sich auch nirgendwohin zurückziehen, wenn es draußen wirklich ungemütlich wird.

Gleichmut gegen die Umgebung

Der im Vergleich zu anderen Lebewesen gewiß auffällige Gleichmut der Flechten gegenüber Temperaturextremen und anderen Witterungslaunen beruht letztlich auf einem einfachen, aber wirkungsvollen Trick. Wenn sich Flechten besonders widrigen Umweltbedingungen ausgesetzt sehen und dabei in ökologische Krisensituationen zu geraten drohen, schalten sie einfach ihren Stoffwechsel ab. Nur so lange sind stoffliche Umsätze möglich,

Die Blattflechte *Parmelia sulcata* ist auf Baumrinden in Reinluftgebieten weit verbreitet.

wie genügend Wasser in einer Flechte vorhanden ist. Sommerliche Wärme, scharfer und austrocknender Wind oder anhaltende Frosttrocknis werden daher mit Stoffwechselstarre beantwortet. Flechten haben eigentlich überhaupt keinen Wasserhaushalt. Sie können ihren Wassergehalt nicht regulieren oder einschränken, sondern sind immer so feucht oder knistertrocken, wie es ihre Umgebung gerade zuläßt. Wenn das Zellwasser weitgehend abgegeben wurde, kann auch ein heißer Sommertag keine Hitzeschädigung herbeiführen, ebensowenig wie klirrender Frost keine Bildung zerstörerischer Eiskristalle zuwege bringt.

Die totale Streßvorsorge durch Flucht in eine Trockenstarre hat allerdings ihren Preis. Flechten haben dadurch nur vergleichsweise kurze Betriebszeiten, in denen sie aktiv Stoffe produzieren und auch wachsen können. Eine Flechte am Extremstandort lebt sozusagen auf Raten; die Trokkenstarre wird ihr auf ihre Lebenszeit nicht angerechnet. Entsprechend gering können auch die Zuwachsraten ausfallen. Selbst verhältnismäßig kleine Flechten können daher unter Umständen viele Jahre oder gar Jahrzehnte alt sein.

Rätselhafte Doppelwesen

Mit ihren seltsamen Krustenformen oder lappig-blättrigen Gestalten zeigen die Flechten nur wenig formale Anklänge an das Aussehen anderer Lebewesen.

Manche rindenbewohnenden Formen wie die Blattflechte *Platismatia glauca* siedeln sich auch auf kleinen Zweiggabeln an.

Verständlich, daß ihre Ein- oder Zuordnung unter den Biologen hitzige Diskussionen ausgelöst hat. Die Lage wurde auch dann nicht besonders klar, als vor etwa hundert Jahren ihre wahre Natur erkannt wurde: Flechten sind nämlich Doppelwesen. Zwei grundverschiedene Organismen, ein Pilz und eine Anzahl mikroskopisch kleiner Algen, haben sich in der Flechte zu einer dauerhaften Lebensgemeinschaft zusammengeschlossen. Die Pilzpartner stammen aus verschiedenen Verwandtschaftsgruppen. Meist sind es Schlauchpilze, ganz selten auch Ständerpilze. Die Flechtenalgen gehören meist zu

den Grünalgen oder zu den Blaualgen (Cyanobakterien). Gewöhnlich dominiert der Pilz. Er bestimmt Form und Gestalt einer Flechte.

In der Flechte erleichtern sich Flechtenpilz und Flechtenalgen gegenseitig das Leben. Der Pilzpartner legt die äußere Form fest, stellt gleichsam den Wohnraum für die Flechtenalgen zur Verfügung und übernimmt so die Rolle eines Hausherrn. Seine Nahrung erhält er praktischerweise von seinen Flechtenalgen, die natürlich photosynthetisch aktiv sind und ständig hochwertige organische Stoffe abgeben. Die Miete wird also in Naturalien kassiert. Die Flechtenpilze sind bei ihren Forderungen nicht gerade kleinlich, so daß den Flechtenalgen nicht sehr viel von der Gesamtproduktion verbleibt. Offensichtlich sind die beiden ungleichen Partner aber dennoch einigermaßen miteinander zufrieden. Immerhin ermöglicht ihre Kooperation ja einen dauerhaften Zusammenschluß und die Besiedlung von Standorten, die sie als getrennte Einzelwesen niemals hätten erobern können.

Hängende Gärten

Rindenbewohnende Flechten sind ausgesprochene Staubfänger. Unter ihren lappig verzweigten Lagern sammeln sich mit der Zeit kleine Humusportionen an, in denen mitunter auch Moose siedeln können. Flechten bleiben darum auf einem borkigen Stamm nicht lange allein. Unter den Flechtenlagern finden sich andererseits auch mancherlei Insekten ein – ganze Entwicklungsreihen vom Gelege über Larvenstadien bis hin zu Puppen und Vollinsekten. Daher suchen Vögel wie Waldbaumläufer, Goldhähnchen, Kleiber und andere

Kletterkünstler immer auch den Flechtenaufwuchs ab, und selten gehen sie dabei leer aus.

Flechten schädigen den Strauch oder Baum, auf dem sie wachsen, in keiner Weise. Sie verwenden seine Berindung ja lediglich als Ankerplatz, ohne irgendwelche Stoffe daraus für sich abzuzapfen. Auf der anderen Seite können die Flechten an ihrem luftigen Standort ihrerseits stark geschädigt werden. So robust sie gegen alle möglichen Witterungseinflüsse sind, so sensibel reagieren sie auf Schadgase der Luft. Bevor saurer Regen oder andere atmosphärische Attacken den Gehölzen das Leben schwer machen, haben sie bereits die meisten Flechten zur Aufgabe gezwungen: Nur in Reinluftgebieten kann sich daher ein üppiger Flechtenaufwuchs auf Rinde einfinden.

Tips für die Praxis

✳ Flechten mit der Lupe betrachten
✳ Flechten sind Indikatoren für Luftverschmutzung, daher auf die Arten an verschiedenen Standorten achten
✳ Flechtenwuchs an bekannten Wuchsorten über Jahre verfolgen; Größe messen
✳ Flechtenfruchtkörper mit dem Makroobjektiv aufnehmen
✳ Teile der Flechte unter dem Mikroskop ansehen

Die kleine Blattflechte *Candelaria concolor* gehört sicherlich zu den farbkräftigsten Rindenbewohnern.

Die Wandflechte (*Xanthoria parietina*) bewohnt Rinde, Holz und Gestein.

Winter

Der verpackte Frühling

Solange noch Blätter an den Zweigen sitzen, beachtet man sie kaum. Im winterkahlen Wald fallen sie dagegen schon eher auf, und genaugenommen waren sie schon im letzten Sommer da: Die Winterknospen sind sicherlich eine besonders bemerkenswerte Spezialität unserer Gehölze. Aber warum sind diese Verpackungsvorrichtungen eigentlich erforderlich?

Antwort auf das Winterklima

Während der Herbstmonate verlagert sich der arktisch-subarktische Klimagürtel aus astronomischen Gründen gleich um mehrere hundert Kilometer nach Süden. Die Durchschnittstemperaturen bewegen sich fast nur noch in der Nähe des Gefrierpunkts, und Wasser gibt es überwiegend im festen Aggregatzustand. Für die Pflanzen ist damit eine kritische Zeit angebrochen. Abgesehen davon, daß die zarten Sommerblätter völlig durchfrieren würden, können es sich die meisten Bäume einfach nicht leisten, auch im Winter eine Belaubung zu tragen, die unentwegt größere Wassermengen umsetzt. Die einzig sinnvolle Antwort auf diese frostige Seite des winterlichen Wettergeschehens ist gleichzeitig auch eine ökologisch perfekte Lösung: In der kalten Jahreszeit werden die besonders anfälligen und nicht weiter schützbaren Teile einfach abgeschoben und verworfen. Kleinwüchsige Pflanzen ziehen sich auf Erneuerungsbereiche zurück, die tief am und sogar im Boden ruhen. Im Extremfall kann dies ein keimfähiges Samenkorn sein. Für Holzgewächse wäre diese Strategie ziemlich unpraktisch und

zudem recht unökonomisch. Es müßte ja jedesmal auf den gesamten Jahreszuwachs verzichtet werden. Die laubwerfenden Bäume und Sträucher der Gehölzflora winterkalter Klimaregionen gehen darum mit einem anderen Sicherungsverfahren in die unfreundliche Saison: Ihre Erneuerungsteile, aus denen im kommenden Frühjahr wieder neue Blätter und Blüten sprießen sollen, bleiben einfach am Geäst. Allerdings werden sie dort mit einer besonderen Verpackung geschützt. Diese kleinen Schnürpakete mit ihrem fein abgestimmten Entwicklungsprogramm sind die Winterknospen.

Vielschichtige Verpackung

Um es gleich vorwegzunehmen: Die Knospenhülle, lagenreich und vielschichtig, leistet keinerlei Wärmeschutz. Nach tagelangen Tieftemperaturen ist es im Knospeninneren genauso kalt wie an der freien Luft. Andererseits kann aus den Knospen auch keinerlei Wärme verlorengehen, denn als Ruheorgane haben die Winterknospen ihren Stoffwechsel fast vollständig eingestellt, und selbst bei intensiverem Stoffumsatz würden sie keinen Wärmeabfall produzieren. Knospenhüllen sind kein wärmender Wintermantel, auch wenn sich dieser Vergleich angesichts der derbschaligen Knospenschuppen zunächst vielleicht anbietet.
Die eigentliche Funktion der Knospen besteht neben einem gewissen mechanischen Schutz ihres Innenlebens darin, den Wasseraustausch der Ruheorgane mit der Außenwelt zu verhindern. Die jungen, entwicklungsfähigen Gewebe innerhalb der Knospen,

die sich im Frühjahr zu Blättern und Blütenständen strecken, enthalten noch geringe Restwassermengen, die sie nicht verlieren sollten. Eine totale Austrocknung vertragen die Zellen und Gewebe nicht. Auf der anderen Seite dürfen die Blatt- und Blütenanlagen aber auch nicht zur Unzeit von außen mit Wasser benetzt werden. Wenn nach Schneefall und Dauerfrost ab und zu einmal eine Tauperiode einsetzt, rinnen wahre Sturzbäche durch das Gezweig, und von diesem Wasser darf auf keinen Fall etwas in die Knospen eindringen. Daher schotten die Knospenschuppen

Blattknospe des Gelben Hartriegels (*Cornus mas*, links).

Blütenknospe (links geöffnet) des Gelben Hartriegels (*Cornus mas*, rechts).

ziemlich wirksam ab. Sie sind dazu an ihren Rändern mit Klebematerial versiegelt und oft auch noch mit wasserabweisenden Haaren besetzt.

Das dicke Ende

Am unbelaubten Zweig lassen sich fast immer End- und Seitenknospen unterscheiden, die in Größe und Ausformung oft sehr verschieden sind. Die Endknospe wird nämlich durch besondere Regulationserscheinungen in ihrer Entwicklung auf Kosten der nächsten Seitenknospen stark gefördert. Erst weiter unten am Zweig finden sich wieder Knospen von vergleichbarer Größe wie am Zweigende. Ihren sichtlichen Entwicklungsrückstand können die Seitenknospen jedoch rasch aufholen, falls die Endknospe verlorengehen sollte. Mit-

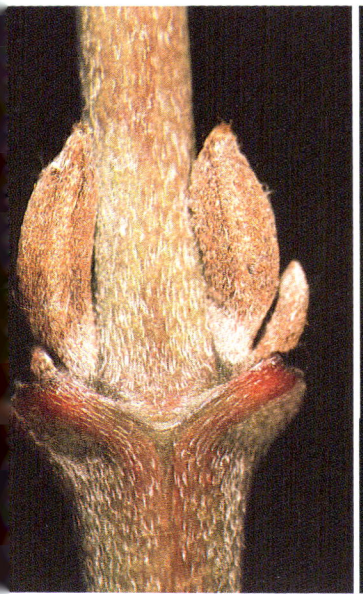

unter haben die Seitenknospen die Aufgabe von Reservisten, die sogar jahrelang auf ihren Einsatz warten können.

Die kleinen Unterschiede

Knospen sind erstaunlich vielgestaltig und typenreich. Sie sind sogar so charakteristisch, daß man nach ihnen die Gehölzarten bestimmen kann.

Ein beachtenswertes Knospenkennzeichen ist beispielsweise die Anzahl der äußerlich sichtbaren Knospenschuppen oder die Schuppenanordnung, dazu auch Farbe und Gestalt – ein Thema mit vielen Variationen.

Tips für die Praxis

✳ Gehölze anhand ihrer Knospen bestimmen
✳ Knospensammlung mit Fotos und Zeichnungen anlegen

S. 98:
Zweigende vom Berg-Ahorn (*Acer pseudoplatanus*) mit sehr großer End- und winzigen Seitenknospen (oben).

Die geöffnete Endknospe des Berg-Ahorns zeigt die dicht verpackten Blattorgane (unten).

S. 99:
Blattknospen der Rot-Buche (*Fagus sylvatica*) stehen immer weit ab (links oben).

Mehrere Blätter sind in der Rotbuchenknospe verpackt (links Mitte).

Die Knospen der Hainbuche (*Carpinus betulus*) liegen dem Zweig an (rechts oben).

Bei der Stiel-Eiche (*Quercus robur*) stehen die Knospen gedrängt am Zweigende (links unten).

Schon im frühen Winter sind die Knospen des Schwarzen Holunders (*Sambucus nigra*) leicht geöffnet (rechts unten).

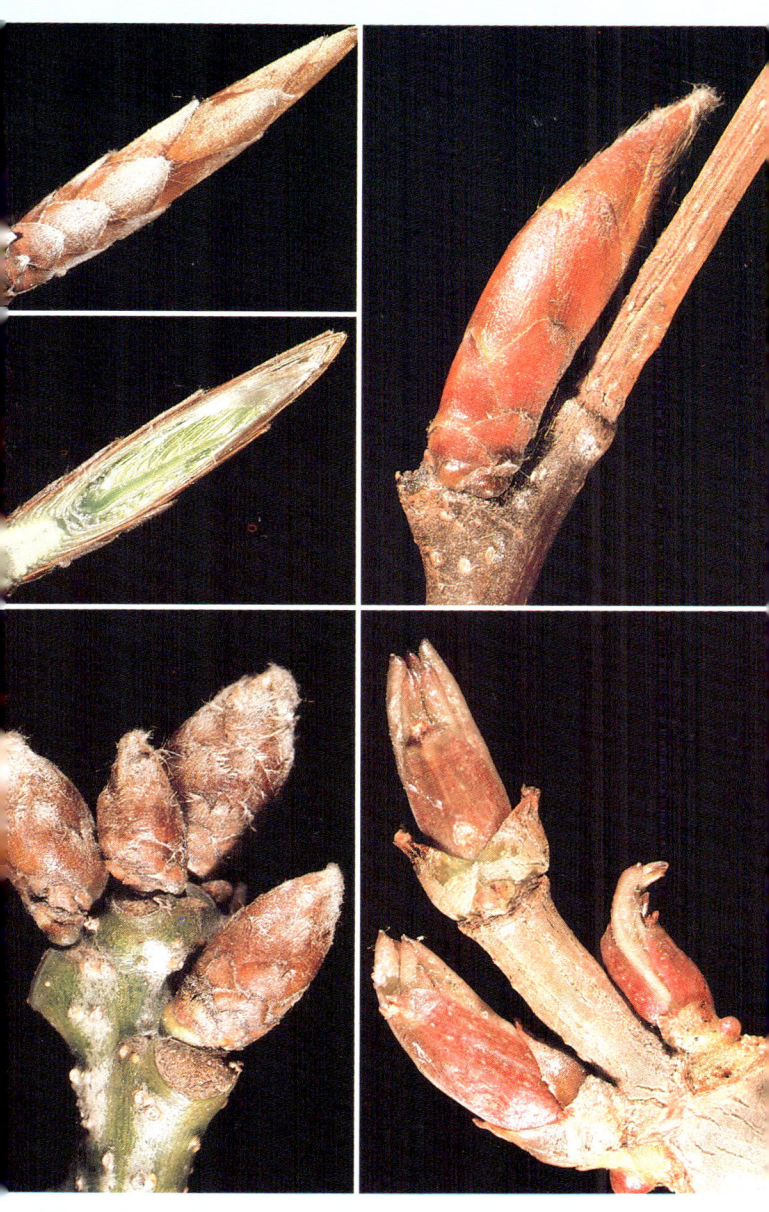

Winterliche Spurensuche

Der Winter gilt oft nicht gerade als Hochsaison für erlebnisreiche Naturbeobachtungen – eine verständliche Einschätzung, denn die Natur hat sich nun einmal im Herbst mit einem sehr farbigen Finale verabschiedet, um bis zum Blütenrausch des nachfolgenden Frühjahrs weitgehend auszuruhen. Aber selbst wenn es draußen etwas ruhiger und bescheidener zugeht, bleibt die Natur ereignisreich und interessant. So lädt uns der Winterwald beispielsweise zu einer spannenden Spurensafari ein. Mit etwas Aufmerksamkeit, ein wenig Erfahrung und genügender Kenntnis der biologischen Zusammenhänge kann ein Naturfreund sogar eine Liste der aktuellen Waldbewohner aufstellen, selbst wenn er die betreffenden Tiere gar nicht gesehen hat.

Was Zeichen alles verraten

Tiere hinterlassen in ihren Lebensräumen eine Vielzahl von Spuren ihrer spezifischen Lebenstätigkeit – nicht nur in Gestalt von Fährten auf dem Boden, sondern auch mit Fraßspuren, Rupfungen, Gewöllen, Futter- und Beuteresten, Nahrungsvorräten, Nestern, Bauen, Ruheplätzen oder Losungen. Oft sind solche Zeichen und Hinweise einfach nicht zu übersehen. In anderen Fällen treten sie vielleicht weniger deutlich in den Blick oder werden eher zufällig gefunden. Immer erfährt man jedoch etwas über Nahrungswahl, Nahrungsbearbeitung, Freßgewohnheiten, Familienangelegenheiten oder Verhalten der Tiere – und dabei natürlich auch, welche Arten in einem bestimmten Waldgebiet vorkommen oder wie häufig sie eventuell sind. Warum man die betreffenden Tiere nicht oder nur seltener auch direkt zu sehen bekommt, kann verschiedene Gründe haben und hängt meist engstens mit den Lebensgewohnheiten der heimlichen Waldbewohner zusammen.

Am ehesten trifft man wohl Vögel an. Sie sind überwiegend tagaktiv, auch während des Winters einigermaßen artenreich vertreten und mitunter auch noch sehr ruffreudig. Unsere Meisen, die verschiedenen Spechte oder die beiden Goldhähnchen-Arten kann man mit einiger Übung an ihren Lautäußerungen auseinanderhalten.

Säugetiere sind dagegen überwiegend dämmerungs- oder sogar nachtaktiv. Selbst wenn in einem Wald etliche Arten vorkommen, die keine Winterruhe und auch keinen Winterschlaf halten, sind sie kaum einmal zu sehen. Außerdem markieren die meisten Säugetiere ihre Reviere auch nicht akustisch wie die Vögel. Wenn sie schon unterwegs sind, dann aber auch möglichst leise und unauffällig. Der Waldspaziergänger und Naturfreund, der etwas mehr über die feder- oder felltragenden Waldtiere erfahren möchte, muß sich folglich aufs Spurenlesen verlegen.

Trittsiegel und Fährten

Die bekanntesten Tierspuren sind natürlich die Fußabdrücke oder Trittsiegel, die sich im weichen Boden oder im Neuschnee abbilden und auch noch den Weg verraten, den ein bestimmtes Tier genommen hat. Aus den Merkmalen einer solchen Fußspur lassen sich viele Einzelheiten entnehmen. Ein Jäger, der über den Wildbestand in seinem Revier

Vom Buntspecht zerlegte Fichtenzapfen (links).

Fichtenzapfen mit den Fraßspuren des Eichhörnchens (rechts).

sehr genau Bescheid wissen muß, kann mit einiger Erfahrung einer Trittspur Art, Geschlecht, Alter und Gewicht eines Tieres entlocken. Für unsere Zwecke genügt es dagegen sicher, eine Fährte oder eine Gruppe von Trittsiegeln einer bestimmten Tierart richtig zuzuordnen.

Relativ einfach ist zu unterscheiden zwischen den Laufspuren von Vögeln und den Fährten felltragender Tiere. Säugetiere, die auf Pfoten laufen, hinterlassen andere Siegel als Huftiere. Die auf Pfoten laufenden Tiere wie Kaninchen, Hase oder Fuchs sind fast immer Zehengänger: Nur ihre Zehenknochen haben direkten Kontakt mit dem Boden, während ihre Mittelfuß- und Fußwurzelknochen nicht aufgesetzt werden. Dennoch bildet sich in der Fährte mehr ab als nur der Umriß der Zehen, weil die Tiere je nach Bewegungsart und Geschwindigkeit im weichen Untergrund einsinken. Die einheimischen Marder-Arten wie Baummarder, Hermelin, Mauswiesel oder Iltis gehen mit ihren Hinterläufen nur auf Zehen, während sie auf den Vorderextremitäten reine Sohlengänger sind wie die Bären oder wir selbst. Im Trittsiegelbild fallen diese Unterschiede allerdings nicht sehr deutlich aus.

Zu den einheimischen Huftieren gehören beispielsweise die Rehe, Hirsche und Wildschweine. In Umriß und Aufbau sind sich ihre Trittsiegel verhältnismäßig ähnlich, wenngleich sie in der Größe

Spurensuche. 1 Fasanenspur, **2** von Insekten ausgefressene Bucheckern, **3** angekeimte Eichel, **4** Fraßspuren des Buchdruckers, **5** von Mäusen aufgenagte Haselnüsse, **6** Rupfung von Greifvogel, **7** Fraßspuren von Eichhörnchen an Fichtenzapfen, **8** eingeklemmte Haselnuß („Spechtschmiede"), **9** Eulengewölle, **10** von Vögeln aufgewühltes Fallaub.

enorm unterschiedlich sind. Beim Reh mißt ein Trittsiegel etwa vier Zentimeter Länge, beim Hirsch dagegen immer über sechs Zentimeter. Klar zeichnen sich im Schnee oder feuchten Boden der zweiteilige Huf beziehungsweise die Schalen ab, derentwegen man die Hirsche und Wildschweine auch als Paarhufer oder als Schalenwild bezeichnet. Ihre Schalen entsprechen unseren Finger- beziehungsweise Fußnägeln. Im Unterschied zu den Pfotenläufern gehen die Paarhufer also auf den Zehenspitzen und heißen daher auch Zehenspitzengänger.

Nicht mit Haut und Haar

Außer Fußspuren gibt es in Wald und Flur auch noch eine Menge Fraßspuren größerer und kleinerer Tiere. Beutegreifer hinterlassen mitunter besonders gut sichtbare Hinweise auf eine beendete Mahlzeit. Zu diesem Spurentyp gehören beispielsweise die Rupfungen der Greifvögel. Wenn Taggreife Beute geschlagen haben, verarbeiten sie sie gleich an Ort und Stelle. Sperber wählen dazu bestimmte Rupfplätze innerhalb ihres Reviers aus, entweder Waldlichtungen oder Waldsäume. Dort finden sich dann Ansammlungen von Federn, Knochen, Schnäbeln oder Krallen. Habichte wählen ihren Rupfplatz eher zufällig. Aus den zurückgelassenen Resten kann man ablesen, woraus die Greifvogelmahlzeit bestanden hat. Ein Habichtweibchen schlägt gewöhnlich Vögel bis Fasangröße, das kleinere Habichtmännchen allenfalls bis Rebhuhngröße. Sperber greifen Vögel etwa bis zur Größe einer Drossel. Typisch ist, daß die Beute von der Brustmuskulatur her angeschnitten wird, wobei zuvor die unverdaulichen Federn sorgfältig gerupft werden. Am Rupfplatz liegen daher immer komplette Federn mit Kiel umher. Felltragende Beutegreifer beißen die Federn ihrer Beute dagegen glatt ab.

Speisekarten besonderer Art sind die Gewölle. Taggreife und auch Eulen würgen geraume Zeit nach erfolgter Mahlzeit die unverdaulichen Kleinteile ihrer Beutetiere wieder aus. Haare, Federreste, Knochen und Krallen werden im Vogelmagen zu einer filzigen, walzenförmigen Masse geformt und durch den Schnabel wieder ausgeworfen. Je nach Art sind die Gewölle unterschiedlich groß und auch von abweichender Beschaffenheit. Beim Mäusebussard enthalten sie fast ausschließlich Fellreste der verzehrten Kleinsäuger, da die Knochen in seinem Magen erstaunlich gut verdaut werden können. Den meisten anderen Arten liegen die Beuteknochen wohl etwas schwerer im Magen. So findet man in den Gewöllen von Eulen gut erhaltene Schädel und andere Skelettbestandteile der erbeuteten Kleinsäuger, die sogar noch bestimmbar sind. Bussard- und Turmfalkengewölle findet man am ehesten unter freistehenden Bäumen am Waldrand oder in der Feldmark. Waldohreule und Waldkauz, Habicht und Sperber setzen ihre Gewölle gleich haufenweise im geschlossenen Wald ab. Frisch ausgewürgte Gewölle lassen sich meist nur schlecht zerlegen und untersuchen. Nach einiger Zeit zerfallen sie jedoch in ihre Bestandteile.

Jedem eine harte Nuß

Verständlicherweise sind die Samen und Früchte der Waldgehölze vor allem bei den kleineren Tieren als Nahrung ausgesprochen beliebt. Haselnüsse gehören offenbar zu den besonders be-

Gelbhalsmäuse haben die Haselnüsse aufgenagt (links oben).

Vom Eichelhäher zerhackte Haselnuß (links unten).

Auf der Suche nach baumbewohnenden Ameisen und anderen Insekten zimmert der Schwarzspecht riesige Löcher in den Stamm (rechts).

gehrten Leckerbissen, doch muß vor dem Genuß des fettreichen, nahrhaften Kerns erst einmal die steinharte Verpackung geöffnet werden. Erstaunlicherweise bewältigen selbst die kleineren Waldmäuse dieses technische Problem. Von der Spitze oder der Flanke einer Haselnuß her benagen sie die Schale, bis ein größeres, kreisrundes Loch entstanden ist, durch das sie fast ihren Kopf stecken können. Deutlich sind die Nagespuren der harten Nagerzähne an den Schalenkanten zu sehen. Eichhörnchen verwenden eine ähnliche Technik: Sie nagen zunächst nur ein kleines Loch in die Schale, spannen sie dann zwischen die Schneidezahnpaare und sprengen sie mit viel Kraft in zwei glattrandige Spalthälften auf. Unregelmäßig zertrümmerte Haselnußschalen lassen dagegen auf Kleiber oder Spechte schließen. Sie klemmen ihre Nuß in Borken- oder Rindenspalten ein und hämmern dann darauf los, bis die Fetzen fliegen. Spechte verwenden ihren Werkplatz immer wieder. Unter einer sogenannten Spechtschmiede sammeln sich deshalb größere Mengen Schalen an. Kleiber sind dagegen eher Gelegenheitsarbeiter, die die ausgeleerte Nußschale in der Rinde steckenlassen.

Fichtenzapfen und die Zapfen anderer Nadelhölzer enthalten ölreiche Samen von nußartigem Geschmack. Daher wird auch diese Nahrung von den Vögeln und Kleinsäugern gerne angenommen. Nur bei der Tanne, deren Zapfenschuppen sich bei der Reife von selbst ablösen, ist die Ernte vergleichsweise einfach. Alle anderen Zapfen sind zum Teil ziemlich sperrig und müssen mit Kraft geöffnet werden. Eichhörnchen beißen die holzigen Schuppen der Fichten- oder Kiefernzapfen der Reihe nach ab und hinterlassen dabei eine ziemlich unregelmäßig ausgefranste Zapfenspindel. Mäuse gehen das Problem von der Seite her an und nagen die Zapfenschuppen sehr sorgfältig und glatt ab, wobei oft eine Zapfenhälfte übrigbleibt. Wirr zugerichtete Zapfen sind mit großer Wahrscheinlichkeit von

Rupfung: Ein Sperber kröpfte einen Eichelhäher (links oben).

Gewölle vom Waldkauz (links unten).

An der hellen Stammflanke scheuerte das Wildschwein seine Schwarte (rechts).

Spechten bearbeitet worden. Zapfen mit stark verbogenen oder in Längsrichtung aufgerissenen Schuppen haben Kreuzschnäbel geschickt geöffnet und ausgewertet.

In luftiger Höhe

Manchmal findet der aufmerksame Beobachter auch Pilze hoch oben im Geäst der Bäume – keine bunten Porlinge oder andere Konsolenpilze, die dort sozusagen planmäßig siedeln, sondern

Hutpilze, wie sie normalerweise nur am Waldboden anzutreffen sind. Auch in diesem Fall waren wohl Eichhörnchen am Werk. Sie machen sich nicht nur über Nüsse und andere Baumfrüchte her, sondern betätigen sich zum Erstaunen der Zoologen gelegentlich als Pilzsammler. Das Sammelgut wird in Astgabeln zum Trocknen aufgehängt. Nur in Ausnahmefällen erlaubt die Witterung eine dauerhafte Konservierung dieser Pilzernte, und sicherlich eignen sich auch nicht alle Hutpilze für die luftige Bevorratung.

Viel auffälliger als die Hochdepots sind Spuren an der Rinde von Stämmen, Ästen und Zweigen. Manchmal findet man in schneereichen Wintern völlig zerfetzte, streifig abgerissene Rindenpartien. Kaninchen, Hasen und auch Rehe haben dann mit Rindenkost ihre Versorgungsengpässe überbrückt. Auch zum Frühjahr hin, wenn die Rindenpartien schon wieder im Saft stehen, treten nicht selten solche Schälschäden auf. Für die betreffenden Gehölze gibt es meist keine Rettung mehr. Die Zerstörung der Rinde mit ihren Wachstums- und Leitgeweben trifft ganz vitale Funktionen eines Strauches oder Baumes, die nicht wieder ausgeglichen werden können.

Tips für die Praxis

* Tritt- und Fraßspuren sammeln (Fotos, Zeichnung)
* Gewölle sammeln und auf Bestandteile untersuchen; wer fraß wen?
* Exkursionen mit Fachleuten und Bestimmungsbuch sind nützlich

Rund um den Weihnachtsbaum

Jedes Jahr wird er in Liedern, Gedichten und Erzählungen gefeiert – der festlich geschmückte, weihnachtliche Tannenbaum. Selten lag die botanische Diagnose jedoch so einhellig daneben wie bei den glanzvollen Lichterbäumen. Was zur Weihnachtszeit herausgeputzt wird, ist nämlich meistens überhaupt keine Tanne. Im winterlichen Forst sehen wir uns einmal ein wenig genauer nach potentiellen Kandidaten für den weihnachtlichen Festkreis um.

Auf die Nadel kommt es an

Mit Ausnahme der hellgrünen Europäischen Lärche und der leicht blaugrünen, nur in Forstkulturen angepflanzten Japanischen Lärche sind alle übrigen einheimischen oder eingeführten Nadelhölzer immergrün. Die Nadelblätter sind auch keine Saisonartikel wie die Blattorgane der laubwerfenden Gehölze, sondern bleiben normalerweise mehrere Jahre lang am Baum. Fichtennadeln werden vom gesunden Baum eigentlich erst nach fünf Jahren, im Bergland sogar erst nach rund einem Jahrzehnt aus dem Dienst entlassen und abgeworfen. Etwas kurzlebiger sind dagegen die Nadeln unserer Wald-Kiefer. Sie bringen es auch ohne Streß durch Schadstoffe allenfalls auf zwei bis drei Jahre Lebensdauer. Die Nadelstreu unter Nadelbäumen kann sehr viel schwerer in Humus umgewandelt werden als normales Fallaub. Daher türmen sich in Nadelforsten ziemliche Abfallmengen auf. Waldameisen ist diese Material-beständigkeit gerade recht. Sie verwenden Nadelstreu sehr gerne zum Abdecken ihrer Nester und haben somit die Gewähr, daß ihnen ihr Baumaterial nicht allzu rasch verrottet.

Die mehrjährigen, immergrünen und erwiesenermaßen recht derben Nadelblätter der forstlich verwendeten Nadelbäume sind eigentlich bemerkenswerte Gebilde. Obwohl sie von außen betrachtet ziemlich gleichförmig aussehen und sogar wesentlich einheitlicher erscheinen als die vielgestaltigen Blätter der sommergrünen Gehölze, zeigen sie einen weitaus komplizierteren inneren Aufbau, der allerdings nur im mikroskopischen Bild deutlicher zu erkennen ist. Mit bloßem Auge ist jedoch sichtbar, daß die Nadelblätter etwa von Fichte oder Kiefer keine ausgeprägte Blattnervatur wie die flächigen Blätter von Ahorn, Buche oder Eiche zeigen. Jedes einzelne Nadelblatt wird tatsächlich nur von einem unverzweigten Leitbündel durchzogen. Dieses Bündel bildet bei den flachen Nadeln von Tannen oder Douglasien den feinen Mittelstrich, während es bei Fichten oder Kiefern kaum zu erkennen ist. In Größe und Aussehen erinnern die Nadelblätter unserer Koniferen ein wenig an die einfachen Blätter der Bärlappe und Schachtelhalme, die ebenfalls nur ein unverzweigtes Zentralblatt führen. Entwicklungsgeschichtlich bestehen hier in der Tat viel engere Beziehungen als zu den aufwendig konstruierten Laubblättern mit ihrer in der Fläche verzweigten Blattaderung.

Die in Flachbauweise konstruierten Nadeln von Tanne oder Douglasie zeigen auf ihrer Unterseite sehr dekorative Längsstreifen. Auf diesen Bändern sind die feinen Spaltöffnungen untergebracht, die den Gasaustausch mit der Atmosphäre übernehmen. Die eigentlichen Spaltöffnungen sind in das Blattgewebe tief eingesenkt und auf ihrer Oberseite von Wachs verschlossen. Die Wachsversiegelung der vielen tausend Spaltöffnungen einer Nadel ergibt in der Summe die hellen Linienmuster. Bei den Fichten und Kiefern sind auf den kantig gebauten Nadeln ebenfalls solche Linien vorhanden, denn kein Blatt kommt ohne Spaltöffnungen aus. Nur liegen hier die einzelnen wachsverschlossenen Grübchen nicht in mehrreihigen Streifen nebeneinander, sondern ziehen in feinem Strich in Längsrichtung über das Nadelblatt. Bei genauem Hinsehen kann man an einer Fichtennadel auf allen vier Flanken einen solchen Nadelstreifen erkennen.

Die Nadelprobe

So gleichförmig die Nadeln unserer Koniferen vielleicht erscheinen mögen, so detailreich erweisen sie sich doch beim zweiten Blick. Ob ein Nadelbaum zu den Fichten, zur engeren Verwandtschaft der Tannen oder zu den Kiefern gehört, ist an Nadelmerkmalen sofort auszumachen. Fichtennadeln stecken in einem hölzernen Nadelkissen, das beim Nadelabfall auf dem Zweig verbleibt. Ein entnadelter Fichtenzweig ist daher stets rauh wie eine Feile. Dies gilt auch für die eingeführten und in Forstkulturen plantagenweise angepflanzten Arten. Wenn man sich daraufhin einmal die Nadelbäume anschaut, die auf dem Weihnachtsmarkt mit „Edeltanne" etikettiert sind, wird sich manche Überraschung einstellen.

Alle Tannen, dazu auch Douglasien und Hemlock, haben einen anderen Weg der Nadelbefesti-

Die Nadeln der Tanne (*Abies alba*) sitzen dem Zweig mit rundlichem Fuß auf (links).

Bei der Fichte (*Picea abies*) sitzen die Nadeln in besonderen Nadeltaschen.

gung gewählt: Ihre Nadeln sitzen dem Zweig mit breiter, rundlicher, an einen Saugfuß erinnernder Basis an. Nach dem Abnadeln bleiben die Zweige daher einigermaßen glatt.

Bei den Kiefern stecken die Nadeln gruppenweise in einer gemeinsamen Nadelscheide auf einem Kurztrieb. Wald- und Berg-Kiefer sind zweinadelig, Weymouths- und Zirbel-Kiefer dagegen fünfnadelig. Daneben gibt es auch noch dreinadelige Arten, die für die Forstwirtschaft in Mitteleuropa keine Bedeutung haben

und allenfalls einmal als Parkgehölze verwendet werden.

O Tannenbaum

Jedes Jahr werden in der Bundesrepublik Deutschland knapp zwanzig Millionen Weihnachtsbäume benötigt. Rechnet man den Flächenbedarf eines durchschnittlich entwickelten Baumes in Wald oder Forst einmal zu vier oder fünf Quadratmetern, so nehmen alle in der Weihnachtszeit verbrauchten Nadelbäume eine Fläche von achtzig Quadratkilometern ein – ein Gebiet vom gleichen Flächeninhalt wie ein hundert Meter breiter Streifen von Flensburg bis Füssen.

Darf man dem ohnehin bis zur Belastungsgrenze bedrängten Ökosystem Wald einen solchen Einschlag überhaupt zumuten, oder wäre es für den Naturhaus-

halt und das Gesicht der Landschaft nicht vorteilhafter, die Millionen hiebreifer Weihnachtsbäume einfach weiterwachsen zu lassen?

Der weitaus größte Teil der verbrauchten Weihnachtsbäume stammt aus Forstkulturen. In Schonungen, mit denen bei Aufforstungen neue Waldflächen begründet werden, kommen etwa 4000 bis 5000 Jungpflanzen auf einen Hektar. Dies sind jedoch erheblich mehr Bäume, als für einen künftigen Bestand mit gesunden, kräftigen Exemplaren erforderlich sind. Im dichten Anfangsbestand einer Schonung wird andererseits ein viel besseres, geschlosseneres Anwachsen der Kulturen garantiert. Nach einigen Jahren rücken sich die Jungbäume jedoch zunehmend mit ihrem Astwerk nahe. Die steigende Konkurrenz im zunehmenden Gedränge ist anfangs vielleicht nur lästig, später jedoch ausgesprochen schädlich. In einer mehrjährigen Kultur, spätestens jedoch in einem zehnjährigen Bestand, müssen die meisten Bäume daher wieder geschlagen werden, damit die verbleibenden Nachbarn sich um so besser zu wertvollen Exemplaren entwickeln können.

Nur etwa jeder zehnte Baum aus einer Nadelkultur kann bleiben. Die Entnahme von Weihnachtsbäumen ist daher eine notwendige Maßnahme, die sogar im natürlichen Bestand der Bergwälder vorgenommen werden muß, wo

Auf der Nadelunterseite der Hemlock-Nadeln (*Tsuga canadensis*) zeichnen sich die Spaltöffnungsstreifen ab.

Das Zweigende der Douglasie (*Pseudotsuga canadensis*) beweist, daß auch Nadelhölzer Blattknospen entwickeln (unten).

Tannen (*Abies alba*) kommen nur selten ins Weihnachtszimmer.

die Bäume nicht in Reih und Glied stehen. Im Umkreis starker Samenbäume bildet sich nämlich mit der Zeit ein richtiger Verjüngungsfilz aus aufwachsenden Sämlingen. Auch in diesem Fall muß die sorgsame Durchlichtung des Bestandes dem wachsenden Raumbedarf der Bäume Rechnung tragen.

Der Einschlag von Millionen Weihnachtsbäumen ist daher sicherlich keine Umweltsünde, sondern ein für den Naturhaushalt der Forsten unvermeidlicher Eingriff. Wenn man einen Weihnachtsbaum kauft, fördert man also nicht den Kahlhieb auf hektargroßen Flächen, sondern leistet indirekt einen notwendigen Beitrag zum Aufbau und zur Pflege von Wald und Forst.

Der Baumstamm als Kalender

Zur forstlichen Bewirtschaftung eines Waldes gehört die planmäßige Entnahme von Holz – manchmal in Form häßlicher Kahlhiebe, im ökologisch orientierten Waldbau aber auch durch die Ernte einzelner Stämme. An den Schnittflächen dicker Baumstämme, die transportbereit am Waldweg liegen, kann man gleichsam einen Blick in die Geschichte tun.

Jeder Querschnitt durch einen Ast oder einen Stamm zeigt, daß das Holz von der Peripherie zum Kern nicht gleichförmig wie bei den Tropenhölzern aufgebaut ist, sondern charakteristische Jahrringe aufweist. Sie stellen ein bleibendes, kennzeichnendes Dokument unterschiedlicher Wachstumsaktivität dar.

Rhythmisches Wachsen

Mit dem Wachstumsbeginn im Frühjahr werden im Baumstamm relativ dünnwandige, weitlumige Holzzellen angelegt. Zu Beginn der Vegetationsperiode besteht ja in den höheren Regionen des Baumes ein besonderer Bedarf an Wasser, und dazu müssen eben gut leitfähige Wasserbahnen angelegt werden. Schon im ausgehenden Hochsommer verlangsamt sich das Holzwachstum. Zunehmend werden nun dickwandige, englumige Holzzellen entwickelt, die kaum noch im Dienste der Wasserversorgung stehen, sondern eher die mechanische Festigung des gesamten Holzkörpers zur Druck- und Zugbeanspruchung übernehmen. Gegen Ende der Saison setzt das Holzwachstum vollends aus. Zum weitlumigen Holzgewebe der folgenden Wachstumsperiode ist der englumige Anteil aus dem Spätsommer beziehungsweise Herbst scharf abgesetzt. Jedes Jahr legt sich somit ein neuer, zweiteiliger Zylinder aus zunächst weitlumigem, später zunehmend englumigem Holzgewebe wie ein Mantel um das schon vorhandene Holz. Im Querschnittbild zeichnet sich die Folge von dünnwandigem Frühholz und kompakterem Spätholz jeweils als ein Jahrring ab. Die rhythmischen Wachstumsschübe im lebenden Baum, die sich mit dem Wechsel der Jahreszeiten einstellen, erweitern den Stammumfang jeweils um kleine, aber meßbare Beträge, strukturieren aber andererseits auch das Holz mit den klar voneinander abgesetzten Zuwachszonen. Durch einfaches Abzählen der Jahrringe (ein helles Frühholz und ein dunkles Spätholz bilden einen Ring) kann man das Alter eines frisch gefällten Stammes jahrgenau bestimmen. Aus solchen Zählungen weiß man, daß die kalifornischen Mammutbäume mehrere tausend Jahre alt werden und daß es unsere einheimischen Laubhölzer zum Teil eben auch auf viele Jahrhunderte bringen.

Durch dick und dünn

Die Baumringe sind jedoch nicht nur ein Archiv, in dem die Wachstumserfolge der einzelnen Jahre genau registriert und gespeichert wurden. Eine Stammscheibe mit ihrem eindrucksvollen Muster langer Jahrringfolgen enthält noch viel mehr interessante Informationen. Mit den damit zusammenhängenden Fragen und Untersuchungen beschäftigt sich eine eigene Wissenschaft aus dem Grenzgebiet zwischen Botanik, Holztechnologie und Archäolo-

Stammscheibe einer Douglasie (*Pseudotsuga menziesii*): In den letzten Jahren ging das Stammwachstum sichtlich zurück.

gie: Sie wird als Dendrochronologie bezeichnet und kann bereits spektakuläre Erfolge aufweisen. Schon bei oberflächlicher Beobachtung eines beliebigen Holzquerschnitts muß uns auffallen, daß die einzelnen aufeinanderfolgenden Jahrringe nicht gleichbleibend breit sind. Von Jahr zu Jahr zeigen sich meßbare Abweichungen von einem bestimmten Mittelwert. Der jährliche Holzzuwachs eines Baumes ist ja schließlich eine physiologische Leistung und damit abhängig von Temperaturverlauf, Niederschlagsmengen und anderen ökologisch wirksamen Faktoren. Trockenjahre oder Jahre mit anhaltend feuchtwarmen Sommern drücken sich daher in kleineren oder größeren Ringbreiten aus. Die wechselnden Jahrringabmessungen auf einem Stammquerschnitt haben somit die kurz- und langfristigen Schwankungen der Umwelteinflüsse minutiös aufgezeichnet. Sie sind geradezu eine Bilanz des Wettergeschehens aus der gesamten Lebenszeit des betreffenden Baumes. Umgekehrt kann man natürlich durch Vergleich der Ringbreiten feststellen, welche Wachstumsbedingungen oder Witterungsverhältnisse in längst vergangenen Jahrzehnten oder Jahrhunderten vorlagen. Natürlich ist die in den schwankenden Jahrringbreiten festgelegte Zuwachsfolge zunächst einmal eine individuelle Leistung des jeweiligen Baumes. Der genauere Vergleich zeigt jedoch, daß in gleichen Zeiträumen sehr ähnliche

Ringmuster auch in anderen Bäumen des gleichen Wuchsgebietes auftreten. Für Eichen, die etwa im süddeutschen Mittelgebirgsraum gewachsen sind, kann man daher eine arttypische und das süddeutsche Mittelgebirgsklima widerspiegelnde Jahrringbreitenfolge angeben. Durch genaues Vermessen von Holzproben kann man die Breite der einzelnen Jahrringe auf Millimeterbruchteile genau ermitteln. Trägt man die Meßwerte gegen die Zeitachse in einem Diagramm auf, erhält man ein Kurvenbild, das ein wenig an eine Fieberkurve erinnert.

Ausgefeilte Kurventechnik

Über längere Zeiträume hinweg gibt es immer wieder einmal Extremjahre mit trockenheißen Sommern, die sich durch besonders schmale Jahrringe ausdrük-

Am verwitterten Balken sind Frühholz und Spätholz plastisch herausgearbeitet worden (links).

Querschnitt durch einen fünfjährigen Eichenast: Von oben nach unten erkennt man Borke, Rindengewebe, fünf Jahrringe mit weiten Poren (Wasserleitbahnen) und Mark. Aufnahme nach Anfärbung mit einem Fluoreszenzfarbstoff (rechts).

ken und im Kurvenbild der Ringbreitenfolge zu regelrechten Einbrüchen führen. Das Auftreten von solchen Unregelmäßigkeiten macht jedoch gerade die Einmaligkeit einer Folge aus. Der Wechsel von breit zu eng oder umgekehrt ist ein in der Holzstruktur steckender Code, über den die Zugehörigkeit zu einer ganz bestimmten Wachstumsperiode verschlüsselt ist. Damit kann man

Holzdatierung durch rückwärtige Überlappung von Jahrringfolgen: Eine besonders markante Folge von einzelnen Jahrringen im Stamm einer frisch gefällten Eiche (in Holzprobe 1 für die Wuchsjahre 1771–1789) wird in einer älteren Probe 2 (z.B. einem Eichenbalken mit datierter Balkeninschrift) aufgesucht. Probe 3 könnte eine Ringfolge aus einem alten Möbel, Probe 4 ein Stück aus einem Pfahlfundament und Probe 5 ein Stammstück aus einem Moor-Knüppelweg sein. Durch gegenseitige Datierung erhält man somit eine Folge von Ringbreiten, die weit über das Lebensalter einer einzelnen Eiche hinausreichen.

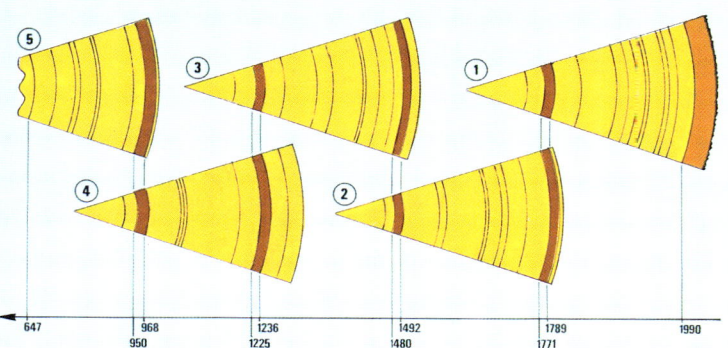

jedoch Hölzer unbekannten Alters jahrgenau datieren.

Nehmen wir an, die vor uns liegende gefällte Eiche ist bis ins Kernholz gesund und kann auf exakt 350 Jahre Alter bestimmt werden. Ihre 350 Jahrringe werden genau vermessen und als Ringbreitenmaße in einen Computer gefüttert. Die gleiche Messung wird für einen dicken Holzbalken vorgenommen, der in einem Fachwerkhaus verbaut wurde und dessen Holzgewerke 1720 aus schlagfrischen Eichen aufgezimmert wurden. Von 1720 an rückwärts zeigen die Ringbreitenkurven beider Holzproben einen ziemlich exakt gleichen Verlauf. Sie verhalten sich zueinander synchron, weil die gemeinsamen Wuchsjahre zur Deckung gebracht werden konnten.

Auf diese Weise ist es möglich, die Folge bekannter Ringbreitenmaße immer weiter nach rückwärts zu verlängern. Durch rückwärtige Überlappung kann man daher die Jahrringchronologie weit über die typische Lebensspanne einzelner Bäume hinaus gewinnen. Für Eichen sind die Jahrringbreiten und ihre zeitlichen Schwankungen unterdessen sogar bis in das fünfte vorchristliche Jahrtausend genau bekannt.

Durch Lagenvergleich einer undatierten Holzprobe innerhalb der Standardkurve kann eine sehr zuverlässige, jahrgenaue Datierung vorgenommen werden.

Tips für die Praxis

∗ Jahresringe an gefällten Bäumen zählen
∗ Ringbreiten messen
∗ Unterschiede zwischen den verschiedenen Gehölzen feststellen

Wundersame Winterbäume

Wenn es um besonders ausgefallene Pflanzen geht, wird gewöhnlich die exotische Botanik der Tropen bemüht. Tatsächlich lassen sich hier zahlreiche Arten auftreiben, deren Lebensumstände irgendwo zwischen kurios und phantastisch einzuordnen sind. Die heimische Pflanzenwelt kann da jedoch durchaus mithalten. Wo die winterkahlen Baumkronen den Blick auf das Geäst und Gezweig freigeben, ist sicher manch Verwunderliches zu entdecken. Die Misteln wären beispielsweise solche Geschöpfe, die beinahe schon seit Jahrtausenden Erstaunen auslösen.

Aufsässige Pflanzen

Mancher mag eine Mistel schon für eine besondere Erkrankung eines Baumes gehalten haben. Auf jeden Fall ist aber der exponierte Wuchsplatz der Misteln überaus erstaunlich. Es sind Pflanzen, die den Bodenkontakt völlig aufgegeben haben und sich nur noch in höheren Regionen aufhalten. Australische Verwandte unserer einheimischen Misteln sind nach wie vor bodenständig und entwickeln sich zu ganz normal aussehenden Gehölzen. Unsere Misteln sind dagegen auf eine lebende Wuchsunterlage angewiesen, auf der sie sich wohnlich einrichten. Dabei sind sie durchaus wählerisch. Die verschiedenen Varietäten oder Unterarten der in Europa am weitesten verbreiteten Art sind jeweils in engen Grenzen auf ganz bestimmte Trägerbäume abonniert. Die Nominatform, die eigentliche Laubholz-Mistel (*Viscum album* ssp. *album*) macht vor allem auf Weichholzarten wie Pappel, Linde, Weide, Ahorn und besonders auch auf Apfelbaum fest. Rotbuchen sind gegen Misteln seltsamerweise völlig resistent. Eichen, Ulmen und einige andere Gehölze werden von der Laubholz-Mistel höchst selten einmal aufgesucht. Sehen Sie sich die Wuchsunterlage daher einmal genau an – vielleicht liegt ja gerade einer der Ausnahmefälle vor.

Noch exklusiver verhält sich die Tannen-Mistel (*Viscum album* ssp. *abietis*), denn sie akzeptiert tatsächlich nur Vertreter der Gattung *Abies* und ist von daher auch nur im natürlichen Wuchsgebiet der Tanne zu erwarten – beispielsweise in den Alpen, im Bayerischen Wald, im Schwarzwald oder in den Vogesen. Eine Infektion von Laubhölzern ist für diese Form völlig ausgeschlossen. Ganz ähnlich eingeschränkt verhält sich auch die dritte bei uns vorkommende Unterart, die Kiefern-Mistel (*Viscum album* ssp. *laxum*). Sie verläßt seltsamerweise nicht den Verwandtschaftsbereich der zweinadeligen Kiefern. Wie diese merkwürdigen Vorlieben zustande kommen und bei Infektionsversuchen kontrolliert werden, ist noch weitgehend unbekannt.

Pflanzen mit Tiefgang

Misteln benötigen ein lebendes Holz für die erfolgreiche Ansiedlung. Bei der Auswahl eines geeigneten Ankerplatzes geht es nicht nur darum, eine möglichst stabile und auch hinreichend hochwüchsige Konstruktion zu finden. Vielmehr muß zwischen den Partnern in diesem Fall ein inniger Kontakt zustande kommen. Schon als Keimling entwickelt die Mistel einen Senker, mit dem sie sich in die Unterlage

Hexenbesenbildung an einer Vogel-Kirsche (*Prunus avium,* links).

Die Ursache für die Hexenbesenbildung bei der Lärche (*Larix decidua*) ist noch unbekannt (rechts).

vertieft und dort bis zu den Leitgeweben vordringt. Bei ihrem Vormarsch in die tieferen Bereiche des Wirtsholzes lösen die Mistelzellen die verholzten Zellwände ihres Wirtes allmählich auf und schließen sich dabei unmittelbar an dessen Wasserleitungsbahnen an. Der Minimalbeitrag, den Misteln von ihrer Wuchsunterlage für sich abzweigen, ist daher ein ständiger Wasserstrom mit den darin gelösten mineralischen Stoffen aus dem Boden. Es bleibt ihnen eigentlich keine andere Wahl. Im Gegensatz zu den pflanzlichen Baumkronenbewohnern des tropischen Regenwaldes fehlen ihnen ja alle sonstigen Spezialeinrichtungen zum Auffangen oder Speichern von Niederschlagswasser. Aus der Zwangslage befreit daher nur die Möglichkeit, sich wie ein zusätzlicher Baumast an die internen Nachschubwege anzuschließen. Die innige Verbindung zwischen Mistel und Unterlage ist daher bloßer Eigennutz. Übrigens ist bis heute ungeklärt, ob die so strebsamen Mistelsenker eigentlich spezialisierte Sproß- oder Wurzelorgane sind.

Eine Mistel geht ihrem Wirt ganz schön unter die Haut. Sie gilt daher nicht mehr nur als harmloser Epiphyt, sondern als Schmarotzer. Allerdings darf man Misteln auch nicht unbedingt mit Pilzen oder anderen Holzparasiten in einem Atemzug nennen. Immerhin besitzen sie ja grüne, zur eigenen

Stoffproduktion befähigte Blätter. Misteln fügen ihrem Wirt daher keine gravierenden Schäden zu. Schlimme Attacken kann sie sich auch gar nicht leisten – sie würde ja sonst den Ast erledigen, auf dem sie selbst sitzt.

Bei Birken (*Betula pendula*) ruft der Pilz *Taphrina betulina* die charakteristischen Hexenbesen hervor (links).

Extrem selten besiedelt die Laubholz-Mistel (*Viscum album*) Eichenäste.

Klare Verhältnisse

Misteln sind immergrüne Sträucher, die bis über ein halbes Jahrhundert alt und dabei zu Kugeln bis über ein Meter Durchmesser werden können. An den Enden der Zweige sitzen sich zwei gelbgrüne, ledrige Blätter genau gegenüber. Diese Lederblätter bleiben nur etwa ein Jahr lang am Zweig, denn in jeder Vegetationsperiode wird eine neue Verzweigung angelegt, der die vorjährigen Blätter weichen müssen. Das Alter eines Mistelzweiges läßt sich somit durch Abzählen der aufeinanderfolgenden Verzweigungsstellen ermitteln.

Misteln sind zweihäusig, tragen also jeweils nur männliche oder weibliche Blüten. Eigenartigerweise gibt es dabei einen deutlichen Frauenüberschuß: In mistelreichen Gegenden kommen ungefähr dreimal soviel weibliche wie männliche Mistelbüsche vor. Die Gründe für diese Ungleichverteilung sind noch unbekannt. Für die Bestäubung reichen die wenigen Mistel-Männer offenbar vollends aus: Fliegen übertragen den Pollen. Übrigens ist die

Mistel eine der wenigen einheimischen Holzpflanzen, deren Blüte- und Fruchtzeit jeweils in die Wintermonate fällt.

Zähes Innenleben

Die weißen bis hellgelben Mistelfrüchte sehen zwar aus wie saftpralle Beeren, sind aber keine. Es sind beerenartige Scheinfrüchte, in die die eigentlichen Früchte als Schließfrüchte eingelassen sind. Die Mistel treibt also einen respektablen Verpackungsaufwand mit derber Scheinfruchthülle, Schließfruchtwand und Samenschale. Das gesamte Arrangement ist mit einem ungewöhnlich zähklebrigen Fruchtfleisch versehen, mit dem sogar die Vögel ihre Schwierigkeiten haben. Sie versuchen, die anhängliche Klebemasse mit den darin verpackten Samen an den Ästen abzuwischen und sorgen so durch gezieltes Ankleben für eine wirksame Ausbreitung. Verbreitungsbiologisch ist die Mistel daher unbedingt auf die Mithilfe der Vögel angewiesen. Drosseln und Seidenschwänze, aber auch Spechte und Häher helfen eifrig dabei. Früher wurde das biologische Klebzeug den Vögeln eher zum Verhängnis: Vogelfänger bestrichen damit ihre Leimruten und machten somit leichte Beute.

Allerhand Pflanzenzauber

Asterix-Leser werden sich an den Druiden Miraculix erinnern, der die Misteln büschelweise von den Bäumen holt und daraus einen kräftespendenden Sud braut. Die Germanen glaubten, die Misteln seien vom Himmel gefallen und dabei im Geäst hängengeblieben – Grund genug, sie dem mächtigen Donar zu weihen. Im Mittelalter waren Misteln als Zauberpflanzen völlig unentbehrlich,

und neuerdings gewinnen sie als Arzneipflanzen wieder zunehmend an Bedeutung. Um den Mistelzweig im Haus gibt es vor allem in den angelsächsischen Ländern ein reiches Brauchtum, bei dem auch der zwischenmenschliche Bereich nicht zu kurz kommt – und dies bei der angeblich blutdrucksenkenden Wirkung der Pflanze.

Besenbäume

Aus der Entfernung könnte man Mistelzweige für Wuchsanomalien der betreffenden Bäume halten. Andererseits gibt es tatsächlich bestimmte Störungen des Wachstums, die umgekehrt wie ein reicher Besatz von Misteln aussehen: Zahlreiche Seitenzweige drängen sich auf engstem Raum zusammen. Im Verlauf von nur einer Vegetationsperiode entstehen dabei gleich mehrere Zweiggenerationen, die vom arttypischen Verzweigungsmuster völlig abweichen können. Es entsteht dann oft der Eindruck, als ob sich auf einem starken Seitenast kleine Sträucher oder besonders viele Nester befänden. Solche ungewöhnlichen Verzweigungssysteme werden als Hexenbesen oder Donnerbüsche bezeichnet – ein klarer Hinweis darauf, daß früher allerhand Aberglauben zur Erklärung ihrer Entstehung bemüht wurde.
Hexenbesen und vergleichbare Bildungen sind von verschiedenen Baum-Arten bekannt. Am häufigsten treten sie wohl bei den Birken auf, gelegentlich aber auch bei Erle, Hainbuche und Kirschbaum. Unter den Nadelbäumen tragen Kiefern und Fichten mitunter sehr eindrucksvolle Hexenbesen. Bei der Fichte kann sogar der gesamte Wipfelbereich der Krone in einen einzigen Hexenbesen umgewandelt sein, so daß

Maserknolle an Fichte (*Picea abies*) – ausgelöst durch eine unbekannte Ursache.

die betreffenden Bäume wirklich abenteuerlich aussehen.

Hexenbesen oder Donnerbüsche sind indessen keine Überbleibsel der letzten Walpurgisnacht, sondern haben ganz und gar natürliche Ursachen. Fast immer sind bestimmte Baumparasiten die Auslöser. Bei der Birke ist es beispielsweise der parasitische Pilz *Taphrina betulina*. An Ahorn oder Hainbuche sind es andere *Taphrina*-Arten. Außerdem sind auch Milben als Erreger von Hexenbesen bekannt. Bei Fichte und Kiefer ging man bisher von erblichen Knospenmutationen aus. Viele Befunde sprechen jedoch dafür, daß ihnen Infektionen durch Viren oder besonders winzige Bakterien zugrunde liegen. In jedem Fall sieht man nur die Wachstumsstörung, aber nicht ihre organische Ursache.

Bäume mit Beulen

Viele Infektionen äußern sich in typischen Veränderungen im Rindenbereich der Bäume. So löst beispielsweise der kleine Pilz *Trichoscyphella willkommi* den in Forstkulturen weit verbreiteten Lärchenkrebs aus.

Besonders auffällig und als krankhafte Wucherung sofort erkennbar sind größere, beulenartige Auftreibungen am Stamm, wie sie sich besonders gerne an Buchen, Linden oder Eichen einstellen. Manchmal reißen diese dicken Beulen krebsartig auf. Häufig bleiben sie auch glatt berindet und geschlossen. Im Kronenbereich des Stammes können sie von besonders vielen Knospen oder Wasserreisern besetzt sein, die wiederum an einen Hexenbesen erinnern: Es handelt sich jeweils um die sogenannten Maserknollen, das Ergebnis einer auf kleinere Stammbezirke begrenzten, aber übermäßig starken Holzproduktion. Die genaueren Ursachen sind nicht klar auszumachen. Wahrscheinlich wirken verschiedene entwicklungsbestimmende Faktoren zusammen. Der störende Anreiz ist jedoch immer von einiger Dauer, denn die unkontrollierte Holzproduktion, die die Aufbeulung des Stammteils begleitet, wirkt gewöhnlich über viele Jahre.

Tips für die Praxis

∗ Sammlung von besonderen Wuchsformen im örtlichen Wald (Fotos!)
∗ gefällte Bäume (auch Obstbäume) auf Misteln absuchen; Querschnitt von Ast und Mistel anfertigen

Wald und Forst

Die jahrtausendelange Auseinandersetzung des Menschen mit der Naturlandschaft hat die ursprünglich flächendeckenden Wälder auf einige Restflächen zurückgedrängt, und selbst diese Bestände sind eigentlich keine Naturwälder mehr, weil sie durch waldbauliche Nutzung, Wiederbegründung und laufende Pflegemaßnahmen in Aufbau und Holzartenzusammensetzung zum Teil stark verändert wurden. Waldvorkommen, die noch am ehesten dem Bild der potentiellen natürlichen Waldvegetation entsprechen, wie sie sich ohne den lenkenden Zugriff des Menschen einstellen würde, werden von den Forstdienststellen seit wenigen Jahren als sogenannte Naturwaldreservate oder Naturwaldzellen aus den Betriebsplänen völlig herausgenommen. In diesen Beständen ruhen Axt und Säge, so daß die jeweils einige Hektar großen Flächen sich ungestört fortentwickeln können – zu inselartig eingestreutem Urwald, den es als solchen in Mitteleuropa längst nicht mehr gibt. Etwa tausend solcher Waldzellen oder Altholzinseln gibt es unterdessen in den verschiedenen Waldwuchsgebieten. Übrigens: Um völlig unbeeinflußte Entwicklungsmöglichkeiten zu garantieren, dürfen hier weder Beeren, Pilze noch Reisig gesammelt werden.

Bis heute zeichnen sich im Waldbild auch so manche historischen Nutzungsformen oder Betriebsarten ab. Eine der ältesten Waldnutzungen ist der Niederwaldbetrieb. Diese Waldbewirtschaftung nutzt die Fähigkeit vieler Laubholzarten, aus den Stubben (Stökken) oder sogar aus den Wurzeln erneut auszuschlagen. Eiche, Buche, Hainbuche, Linde, Birke und auch Hasel entwickeln Stockausschläge oder Wurzelbrut. Etwa alle 20 bis 40 Jahre wurde der Hieb oder Holzabtrieb wiederholt. Bei diesen kurzen Umtriebszeiten waren die Holzerträge natürlich recht gering. Der Niederwald, vom Aussehen her eher ein Buschwald, lieferte im wesentlichen nur Brennholz, daneben auch Pflanzstöcke, Werkzeugstiele oder Zaunmaterial. Besonders gut erträgt die Hainbuche diese Bewirtschaftung. In ehemaligen Niederwaldgebieten ist sie daher stark gefördert worden und mit einem viel höheren Anteil vertreten, als ihr von Natur aus zukommt.

Die planmäßige Niederwaldwirtschaft zur Brennholzgewinnung blieb regional bis in die Zeit nach dem Ersten Weltkrieg erhalten, so etwa in den Haubergen des Siegerlandes oder in den Hack- und Reutbergen des Schwarzwaldes. Eine spezielle Form des Niederwaldes war der Eichenschälwald. Er lieferte als Hauptprodukt die gerbstoffreiche Eichenrinde, die vor der Einführung anderer Verfahren in den Ledergerbereien benötigt wurde. Das dabei anfallende Schwachholz wurde gleich auf der Schlagstelle verbrannt; die Asche wurde in den Boden eingearbeitet und gleich im ersten Jahr Sommergetreide angebaut. Im zweiten Jahr folgte Buchweizen, und im dritten Jahr diente die Fläche als Viehweide. Nach Einstellen der Beweidung konnte der Wald auf der Hiebfläche wieder heranwachsen, um nach etwa 25 Jahren erneut eingeschlagen zu werden. Niederwaldwirtschaft ist mit Nadelhölzern nicht möglich, da die einheimischen Arten nach dem Hieb keine Stockausschläge bilden.

Da man aus dem Wald außer Brennholz auch Bauholz gewinnen wollte, ging man schon im 16. Jahrhundert zu der besseren Betriebsart des Mittelwaldes über. Im Mittelwald bilden die Bäume zwei deutlich höhenverschiedene Schichten: Das Oberholz oder die Obersteher sind entweder zu größerer Höhe aufgewachsene Stockausschläge oder Kernwüchse, die sich aus Sämlingen entwickelt haben. Bei einem Alter von etwa 100 bis 120 Jahren liefern solche Stämme einen vergleichsweise bescheidenen Ertrag an Nutzholz. Das Unterholz besteht im Mittelwald ebenso wie im Niederwald aus den Stockausschlägen von Bäumen, die nach wie vor in kürzeren Abständen zur Brennholzgewinnung verjüngt werden.

Auch der Mittelwaldbetrieb ist nach forstlichen Gesichtspunk-ten noch keine optimale Wirtschaftsform, da er bei falscher Nutzung sehr leicht zum Niederwald degenerieren kann. Außerdem werden auch bei der Mittelwaldwirtschaft die Ertragsmöglichkeiten des Standortes nicht voll genutzt. Seit dem 19. Jahrhundert wurde daher die rationelle Wirtschaftsform des Hochwaldes eingeführt. Im Hochwald gehen alle Bäume aus gleichaltrigen Sämlingen hervor, sind also Kernwüchse. Für Nadelholzhochwälder wird eine Umtriebszeit von etwa 80 Jahren angesetzt, für Laubhölzer etwa 120 Jahre. Die Bezeichnung Hochwald gilt für alle gleichaltrigen Bestände unabhängig von der tatsächlichen Wuchshöhe oder vom Bestands-

Stangenacker mit Fichte (*Picea abies*) – von einem Wald grundverschieden.

Ein verschiedenaltriger Laubmischwald (Plenterwald) kommt dem Bild eines Urwaldes ziemlich nahe.

alter. Hochwälder aus altersgleichen Bäumen sind unnatürlich artenarm und ungleich anfälliger für Wetter-, Insekten- oder Pilzschäden. Das ökonomisch so vorteilhafte Konzept vom Wald als Holzacker oder als Stangenplantage erwies sich aus ökologischen Gründen als sehr problematisch, einmal abgesehen davon, daß ein reiner Fichten- oder Buchenhochwald sehr langweilig und einförmig wirkt.

Eine bedenkenswerte Alternative zu dieser Betriebsart ist daher der naturgemäße oder biologische Waldbau, bei dem anstelle altersgleicher Reinbestände die ungleichaltrigen Mischbestände die Szene beherrschen sollen.

Die Holzernte erfolgt in solchen Beständen nicht mehr schlagweise auf größeren Flächen, sondern im Femelbetrieb, wobei nur einzelne hiebreife Stämme unter Schonung des Jungwuchses entnommen werden. Alternativ kann die Holzentnahme auch durch Schirmhieb erfolgen. Dabei wird das geschlossene Kronendach der hochwüchsigen und erntereifen Bäume, der Schirm, bis auf starke Samenbäume so gelichtet, daß der Nachwuchs durch Naturverjüngung gesichert ist. In einem solchen Bestand stehen nach einigen Jahren Bäume aller Entwicklungs- und Altersstufen auf kleiner Fläche ungeordnet nebeneinander. Gerade der sogenannte Femel- oder Plenterwald, der wirtschaftlich allerdings etwas weniger abwirft als der homogene Hochwald, kommt dem Bild eines Urwaldes sehr nahe.

Brennholznutzung prägte diesen Niederwald aus Rot-Buche (*Fagus sylvatica*).

Der ökologisch orientierte Waldbau entwickelt aus monotonen Forsten wieder richtige Wälder – eine Aufgabe, die Generationen übergreift und bis zur ersten Wirksamkeit auch schon etliche Jahrzehnte benötigt. Selbst wenn die meisten Waldbäume unter optimalen Bedingungen bis etwa zu ihrem fünfzigsten Lebensjahr um jährlich 40 Zentimeter in die Höhe und auch entsprechend in die Breite wachsen, dauert es recht lange, bis aus einem homogenen Anfangsbestand nach Umstellung der Betriebsart ein abwechslungsreicher, in Höhe und Tiefe gestaffelter Mischbestand erwachsen ist. Zu diesen Umstellungen gehört auch, daß Wuchs-

regionen, die einmal reine Laubwaldgebiete waren und wie im Rheinischen Schiefergebirge heute über 50 Prozent Nadelforste aufweisen, schrittweise wieder in Laubbestände zurückgeführt werden. Ansätze dazu sind in neuen Bestandsbegründungen erkennbar, aber sie reichen noch nicht aus.

Die Erhaltung und Entwicklung in sich differenzierter Wälder ist nicht nur eine sehr wichtige landschaftsökologische Aufgabe, sondern hat auch einen hohen Stellenwert im Artenschutz. Bei der Auswertung der Roten Listen ergab es sich, daß rund 60 waldbewohnende Farn- und Blütenpflanzenarten oder etwa sieben Prozent der typischen Waldflora verschollen, bedroht oder gefährdet sind. Die Wälder stehen damit an achter Stelle der am meisten gefährdeten Pflanzenformationen, doch muß man eine solche Artenstatistik differenziert betrachten. Immerhin stehen nicht nur einzelne Pflanzenarten auf dem Spiel. Ganze Waldgesellschaften, beispielsweise die Buchen-Tannenwälder, die Erlen- und Birkenbruchwälder oder die Eichen-Ulmen-Auenwälder, haben in den letzten Jahrzehnten stark abgenommen oder sind gebietsweise bereits völlig verschwunden. Wo diese und andere Waldgesellschaften selten werden, geht auch ihre typische Begleitfauna zurück. Nimmt man beispielsweise einmal nur die gut untersuchten Vögel, die als nachgeschaltete Glieder der Nahrungsketten ohnehin eine besondere Indikatorfunktion erfüllen, so sind bereits rund 20 Prozent der waldlebenden Arten in irgendeiner Weise gefährdet. Für die Insekten und andere weniger auffällige Tiergruppen ergibt sich ein ähnliches Bild, wenn man die Roten Listen durchsieht.

Weiterführende Literatur

BLAB, J. u.a.: Rote Liste der gefährdeten Tiere und Pflanzen in der Bundesrepublik Deutschland. Kilda-Verlag, Greven 1984.

GEROSA, K.: Lexikon für Waldfreunde, Bucher-Verlag, München 1982.

HARDE, K. W., SEVERA, F.: Der Kosmos-Käferführer. Franckh'sche Verlagshandlung, Stuttgart 1981.

ELLENBERG, H.: Die Vegetation Mitteleuropas mit den Alpen. Verlag Eugen Ulmer, Stuttgart 1978.

HOFMEISTER, H.: Lebensraum Wald. Verlag Paul Parey, Hamburg/Berlin 1983.

GRANDJOT, W., KÜNNETH, W.: Waldwirtschaft. Waldpflege, Technik und Betrieb, Forstpolitik. BLV Verlagsgesellschaft, München 1983.

KREEB, K. H.: Vegetationskunde. Verlag Eugen Ulmer, Stuttgart 1983.

KREMER, B. P.: Steinbachs Naturführer – Bäume. Mosaik-Verlag, München 1984.

KREMER, B. P.: Welches Blatt ist das? Kosmos-Naturführer, Franckh'sche Verlagshandlung, Stuttgart 1989.

LOHMANN, M.: Darum brauchen wir den Wald. BLV Verlagsgesellschaft, München 1985.

MAYER, H.: Europäische Wälder. Gustav Fischer Verlag, Stuttgart 1984.

MEISTER, G. u.a.: Die Lage des Waldes. GEO im Verlag Gruner + Jahr, Hamburg 1984.

LEIBUNDGUT, H.: Europäische Urwälder der Bergstufe. Paul Haupt Verlag, Bern und Stuttgart 1982.

OBERDORFER, E.: Pflanzensoziologische Exkursionsflora. Verlag Eugen Ulmer, Stuttgart 1979.

OBERDORFER, E.: Süddeutsche Pflanzengesellschaften. Gustav Fischer Verlag, Stuttgart 1978.

SCHÜTT, P. u.a.: So stirbt der Wald. BLV Verlagsgesellschaft, München 1983.

SUKOPP, W., Trautmann, W.: Veränderungen der Flora und Fauna in der Bundesrepublik Deutschland. Schriftenreihe für Vegetationskunde 10, 1–409 (1976).

TÜXEN, R.: Unser Buchenwald im Jahreslauf. Landesanstalt für Umweltschutz Baden-Württemberg, Karlsruhe 1986.

WALTER, H.: Allgemeine Geobotanik. UTB, Verlag Eugen Ulmer, Stuttgart 1973.

WILMANNS, O.: Ökologische Pflanzensoziologie. UTB, Verlag Quelle und Meyer, Heidelberg 1973.

ZIMMERMANN, G.: Wald – eine grüne Lebensfreude. DRW-Verlag, Stuttgart 1979.

Nützliche Adressen

Auswertungs- und Informationsdienst für Ernährung, Landwirtschaft und Forsten (AID). Postfach 20 01 53. 5300 Bonn 2.

Bund für Umwelt und Naturschutz Deutschland. Im Rheingarten 7. 5300 Bonn 3.

Bundesminister für Ernährung, Landwirtschaft und Forsten. Rochusstraße 1. 5300 Bonn 1.

Bundesminister für Umwelt, Naturschutz und Reaktorsicherheit. Adenauerallee 141. 5300 Bonn 1.

Deutscher Bund für Vogelschutz (DBV). Am Hofgarten 4. 5300 Bonn 1.

Deutscher Naturschutzring. Bundesverband für Umweltschutz (DNR). Kalkuhlstraße 24, 5300 Bonn 3.

Robin Wood. Postfach 10 21 22. 2800 Bremen 1.

Aktion Ameise. c/o Gunter Steinbach, Irsengund, 8999 Oberreute.

Bundesforschungsanstalt für Naturschutz und Landschaftsökologie. Konstantinallee 110, 5300 Bonn 2.

Schutzgemeinschaft Deutscher Wald, Meckenheimer Allee 79, 5300 Bonn 1.

Stiftung zum Schutze gefährdeter Pflanzen. Kalkuhlstraße 24, 5300 Bonn 3.

Landesanstalt für Ökologie, Landschaftsentwicklung und Forstplanung (LÖLF) Nordrhein-Westfalen, Leibnizstraße 10, 4350 Recklinghausen.

Landesanstalt für Umweltschutz Baden-Württemberg / Institut für Ökologie und Naturschutz. Bannwaldallee 32, 7500 Karlsruhe 21.

Niedersächsisches Landesverwaltungsamt/Fachbehörde für Naturschutz, Richard-Wagner-Straße 22, 3000 Hannover 1.

Landesamt für Naturschutz und Landschaftspflege Schleswig-Holstein. Hansaring 1. 2300 Kiel 14.

Landesamt für Umweltschutz und Gewerbeaufsicht Rheinland–Pfalz. Amtsgerichtplatz 1, 6504 Oppenheim.

Landesamt für Umweltschutz, Naturschutz und Wasserwirtschaft des Saarlandes. Don-Bosco-Str. 1, 6600 Saarbrücken 6.

Hessische Landesanstalt für Umwelt. Unter den Eichen 7. 6200 Wiesbaden.

Bayerisches Landesamt für Umweltschutz. Rosenkavalierplatz 3, 8000 München 81.

Umweltbundesamt. Bismarckplatz 1. 1000 Berlin 33.

Umweltstiftung WWF Deutschland. Sophienstraße 44, 6000 Frankfurt 90.

Österreichischer Naturschutzbund (ÖNB). Arenbergstraße 10. A-5020 Salzburg.

Schweizerischer Bund für Naturschutz (SBN). Postfach 73, CH-4020 Basel.

Register